수업집중의 전략

예화로 푸는 공감교수법

차갑부

교육과학사

머 리 말

학생들이 수업에 집중하지 않는 것은 누구의 탓일까? 우문일는지 모르겠다. 그야 당연히 집중하지 못하는 학생이 잘못이겠지. 틀리지 않은 대답이긴 하지만, 과연 그럴까? 물건을 파는 사람이 제 아무리 좋은 제품이라고 목청을 높여 봤자 자신이 판단하기에 아니라고 생각한다면 고객들은 그 물건에 관심을 갖지 않는다. 다른 곳에 가서 맘에 드는 물건을 사면 되기 때문이다. 하지만 학교는 그렇게 하기도 어렵다. 교수자가 가르치는 내용이나 방법이 마음에 들지 않는다고 하더라도 다른 학교 또는 다른 교수자에게 수업을 들을 수 있는 것도 아니다. 이러한 상황에서 학생들은 마음에 들지 않는 수업에 대해서는 집중하지 않을 수밖에 없다.

따라서 수업에 집중하지 못하는 것을 학생의 탓으로만 돌릴 수는 없다. 학생이 수업에 집중하지 못하는 이유가 무엇인지를 성찰해 봐야 한다. 내 탓은 아닌지? 가슴에 손을 얹고 냉철히 성찰한다면 교수자 자신에게도 문제가 있음을 발견하게 될 것이다. 가르치는 사람이 먼저 변해야 한다. 그러면 배우는 사람도 변하게 된다. 이것이 진정한 교육의 효과다. 나는 잘하는데 상대가 문제가 있어서 어쩔 수 없다고 하면서 문제의 소재를 상대에게 돌린다면 발전이란 있을 수 없다. 발전이나 개선의 출발점은 자신에 대한 반성과 성찰이다.

명교수자는 학습자가 공감하는 수업을 하는 사람이다. '공감(empathy)' 이란 말의 사전적 의미는 남의 주장이나 감정 · 생각 등에 찬성하여 자기도 그렇게 느끼는 것을 말한다. 말하자면, 구성원들이 서로 한마음이 되어 느낌을 공유하는 것을 공감이라 한다. 공감은 깊은 인상을 받아 마음이 움직였을 때 생기게 된다. 교수자가 진행하는 강의를 듣고 학습자가 그 내용이나 의미에 대해 마음이 움직일 때 공감의 문이 활짝 열리게 된다. 학습자의 공감을 얻지 못하는 강의는 모래 위에 심어 놓은 나무와 같이 생명력을 잃게 된다. 공감은 집중력을 높인다. 학습자들은 공감하는 수업을 진행하는 교수자의 말과 행동에 집중하게 된다.

학습자를 존중하는 교육, 학습자를 이해하는 교육, 학습자의 기를 살리는 교육을 했을 때 학습자들의 공감을 얻어 낼 수 있다. 이러한 교수법을 필자는 '공감 교수법(Empathy Teaching Method)' 이라고 부르고자 한다. 공감 교수법의 궁극적인 목적은 학습자들의 주의집중을 이끌어 내는 것이다. '나홀로 수업' 을 '공감하는' 수업으로 바꾸는 일에 동참하는 교수자가 많을 때 교육의 미래는 밝을 것이다.

이 책은 교육현장에서 일어날 수 있는 30가지 사례에 대해 예화로 풀어가는 방식으로 구성함으로써 독자들의 흥미를 높이고자 하였다. 아울러 주제마다 관련되는 명언을 넣어 요점을 파악하는데 도움을 주고자 했다. 학습자가 공감하는 수업을 할 수 있는 전략들이 예화 속에 녹아 있도록 노력하였다. 가르치는 일을 하고 있는 분들이나 그러한 일을 하기 위해 준비하고 있는 분들, 특히 학생들이 자신의 수업에 집중하지 않는다고 고민하는 분들에게 일독을 권한다. 이 책은 온라인 교원연수기관인 '한국교원연수원'에 개설되어 있는 필자의 「수업집중을 위한 우리 선생님의 비밀노트」라는 강좌의 교재로 활용되기도 하였다.

이 책의 출판을 위해 힘써 주신 교육과학사의 김동규 사장님과 관계 직원 여러분께 감사드린다.

2013. 1.

차 례

준비

일을 하기 전에 철저한 준비를 해야 한다. 가르침에 있어서도 철저한 준비가 필요하다. 교수자의 태도나 자세, 학습자 특성, 수업지도안, 수업자료 등 알고 준비해야 할 것들이 많다. 철저한 준비는 좋은 결과를 가져다준다.

1. 개성 있고 열정적인 수업하기

사람이 되려는 사람은 누구나 남다른 사람이 되어야 한다.
– 에머슨 –

다양성과 개성의 시대에 남을 따라하는 것은 아류(亞流)로서의 삶을 살기로 작정한 것이나 다름없다. 개성이란 개인의 심볼이다. 70억 인구가 사는 이 지구상에 똑같은 사람은 없다. 생김새나 성격 · 행동이 각기 다르다. 누구와도 같지 않은 자신만의 상표가 곧 개성이다.

교수자는 개성이 있어야 한다. 학생들은 개성이 있는 교수자에게 주의집중을 한다. “사람이 되려는 사람은 남달라야 한다.”는 에머슨의 말을 바꿔보면, 교수자가 되려는 사람은 남다른 개성이 있어야 한다고 할 수 있을 것이다. 개성 있는 사람은 열정이 넘친다. 열정은 글자 그대로 불타는 정열이다. 개성과 열정은 교수자가 갖추어야 할 중요한 조건이다.

자신만의 개성으로 활력적인 수업을 하라

오늘날을 가리켜 개성의 시대라고 하지만 주변을 살펴보면 개성은 커녕 획일적인 시대라는 것을 발견하게 된다.

우리 속담에 "남이 장에 가니까 씨오쟁이 짊어지고 따라간다."는 말이 있다. 씨오쟁이는 씨앗을 담아두는 짚으로 만든 용기이다. "농사꾼은 죽어도 씨오쟁이는 베고 죽는다."는 말이 있을 정도로 농부에게 있어서 씨오쟁이는 매우 소중하다. 씨오쟁이가 없으면 이듬 해에 농사를 짓지 못하기 때문이다. 이렇게 중요한 씨오쟁이를 남이 장에 간다고 짊어지고 따라갈 수는 없는 일이다. 남이 장에 간다고 하더라도 가지고 갈 것이 없으면 따라가지 않는 게 상식이다.

물건을 살 때도 필요에 의해서가 아니라 남이 산다고 하니까 따라서 사는 사람들이 많다. 그러한 모방심리를 이용하여 물건을 파는 약삭바른 사람들도 있다.

"이 상품 주문이 폭주하고 있습니다. 매진임박하니 서둘러 주세요."

어디서 많이 듣던 말 같지 않은가? 그렇다. 텔레비전 홈쇼핑에서 쇼 호스트들이 자주 하는 말이다.

밴드웨건 효과(bandwagon effect) 또는 편승효과를 이용한 상술이다. 미국의 서부 개척시대에 밴드웨건(악대마차)이 요란한 음악과 함께 금광이 발견됐다고 선전하면 무작정 따라가던 사람들을 빗댄 말이다.

자신의 모습대로 사는 게 개성이다. 교수자는 개성이 있어야 한다. 다른 사람을 흉내내지 말라. 대박을 꿈꾸며 남을 흉내 내다가는 대박은커녕 쪽박을 차기 쉽다.

소피아 로렌(Sophia Loren)은 세계적인 영화 배우다. 그녀는 1934년 이탈리아에서 태어났으나 16세 때 로마로 가서 훗날 영화 배우로서의 자신의 꿈을 이루었다. 그러나 처음에는 이런저런 말들이 그녀를 힘들게 하기도 하였다. 사람들은 키가 너무 크다, 엉덩이가 넓다, 코가 너무 길다, 입이 크고 턱이 작다, 심지어 배우 같지 않다는 등 수군거렸다. 그런 와중에 영화 제작자인 카로가 그녀를 눈여겨보고 오디션을 보게 하였다. 그러나 촬영 기사는 어떻게 찍어도 아름답게 나오지 않는다고 불만을 터트렸다. 그래서 카로는 로렌에게 배우가 되고 싶으면 코와 엉덩이를 성형해 보는 것이 어떠냐고 충고하였다. 그러나 그녀는 줏대 없는 사람이 아니었기 때문에 그 자리에서 거절하면서 이렇게 말했다.

"내가 왜 다른 사람과 똑같이 생겨야 하나요?

코가 얼굴의 중심이라는 건 저도 알아요.

코는 그 사람의 성격도 보여주죠.

큰 엉덩이도 저의 일부예요.

저는 제 본래 모습이 좋아요."

그녀가 성공하자 코와 엉덩이에 관한 이야기는 사라지고 그녀의 특징이 오히려 미의 기준이 되었다고 한다.

학생들의 눈과 귀를 묶어두기 위해서는 남을 따라 하지 말고 자신만의 독특함으로 수업을 해야 한다. 소피아 로렌과 같은 교수자가 되어 보라. 요즘 나오는 교수법과 관련된 자기개발서를 보면 '무조건 따라하기' 란 제목이 붙은 책이 있다. 무조건 따라 하다가는 수업을 망치게 된다. 교수법에는 '무조건 따라 하기' 란 있을 수 없다. 자기만의 개성을 살리는 것이 중요하다.

텔레비전에 자주 나오는 김용옥 교수를 기억할 것이다. 그는 자기만의 표정과 목소리 · 제스처 등으로 열정적인 강의를 한다. 특히 목소리가 그의 개성이다. 그는 성대에 무리가 갈 정도로 특이한 목소리를 낸다. 그래서 코미디언들의 성대모사 주인공이 되기도 한다. 목소리가 특이한 것이 그의 개성이다. 거기에 더하여 사회를 비판할 때는 직설적인 화법으로 직격탄을 날린다. 그것이 그의 개성이고 그가 하는 강의의 매력이다. 의상 역시 남다르다. 한복 두루마기는 그의 표징이 되었다. 목소리 · 화법 · 의상 등 다른 사람들과는 다른 특성이 있기 때문에 그가 텔레비전의 인기강사가 될 수 있었던 것이다.

남을 따라 하는 것은 개성이 아니다. 개성이 없으면 교수자의 매력을 상실하는 것이다. 매력이 없는 교수자는 학생들로부터 버림을 받는다. 절대로 남을 흉내 내거나 따라 하지 말라. 자신의 개성을 찾아내서 그것을 잘 활용하는 것이 무엇보다 중요하다. 개성 있는 수업을 진행하는 교수자에게 집중하지 않는 학습자가 있다면 그 역시 연구대상이다.

수업집중을 위한 교수자의 자격을 정리해 보자.

“개성 있는 수업으로 학습자들에게 활력을 불어 넣자.”

수업에 열정을 쏟아라

사람은 누구나 가슴속에 열정이라는 불을 태우며 살아간다. 불꽃처럼 자신이 가진 끼를 마음껏 발산하는 것, 그것이 바로 열정이다. 어떤 일에 미치는 것, 이것이 바로 열정이다. 일에 미친 사람은 시간가는 줄도 모르고 재미있게 일을 한다. 그런 사람이 일을 할 때는 흥에 겨워 콧노래를 부른다. 자신의 일에 열정을 다하는 사람은 사회적으로도 성공한다.

우리의 선조들은 ‘불광불급(不狂不及)’이란 말을 사용하였다. 미치지 않으면 뜻을 이룰 수 없다는 의미이다. 미친다는 것은 무엇일까? 한 가지에 깊이 파고들어 그 무엇인가에 완전히 빠지는 몰아지경(沒我之境), 즉 몰입(沒入)하는 것이다. 몰입이야말로 우리의 인생을 바꾸어 놓는 강력한 힘이다. 몰입할 때 뇌의 보상체계는 도파민을 분비하여 즐거움과 쾌감을 준다.

맥도날드 창업주인 크록은 원래 종이컵 행상을 하였다. 그는 종이컵을 팔아 모은 돈으로 52세인 1955년에 맥도날드사라는 빵가게를 차려 세계적인 기업으로 성장시켰다. 중년의 고개에 창업하여 성공한 비결은 무엇일까? 바로 열정과 경험이다. 크록은 직원들에게 "사업가에게 가장 필요한 것은 박사학위가 아니라 열정이다."[1]고 말했다. 열정이 능력보다 더 중요하다는 것이다. 이들은 고객을 감동시키기 위한 열정으로 일을 한다는 것이다.

열정은 전염된다. 교수자의 열정이 그의 눈동자를 통해 빛나고, 목소리를 통해서 울려 퍼지며, 태도를 통해 나타날 때 학생에게도 그대로 전달된다. 만일 교수자에게 열정이 없다면 학생 또한 학습의욕을 상실하게 된다.

예일대학 역사상 가장 인기가 있었던 교수 중 한 사람인 윌리엄 리언 펠프는 열정적인 자신의 강의를 이렇게 표현하였다.

"가르치는 것은 예술이나 직업 이상이다. 이것은 열정이다. 화가가 그림 그리는 것을 사랑하듯, 가수가 노래 부르는 것을 사랑하듯, 시인이 시를 쓰는 것을 사랑하듯 나는 가르치는 것을 사랑한다. 아침에 침대에서 일어나기 전에 나는 첫 강의실에서 만날 학생들을 생각하면서 열렬한 기쁨을 느낀다."[2]

베이컨은 본래 야구선수였지만, 부상을 당하는 바람에 선수생활을 포기해야 했다. 그 후 그는 여러 직업을 전전했지만 번번이 쫓겨나고 말았다. 그는 자포자기의 심정으로 한 회사에 외판원으로 취직하였다. 제품을 팔기 위해 동분서주했지만 돌아오는 것은 무관심과 냉대뿐이었다. 베이컨은 외판원이란 직업이 자신의 적성에 맞지 않는다는 결론을 내리고 다시 전직을 준비하였다.

그러던 차에 베이컨은 우연히 데일 카네기가 개설한 교육 프로그램에 참가하게 되었다. 한번은 베이컨에게 수강생들 앞에서 연설할 수 있는 기회가 주어졌다. 연설시간이 절반쯤 지났을 때 카네기가 갑자기 그에게 물었다.

"베이컨 씨, 지금 자신이 이야기한 것에 스스로도 흥미를 가지고 있소?"

"그야 물론이죠!"

"더 열정적으로 말해 보는 게 어떻겠소? 그렇게 무기력하고 생동감이 없이 이야기해서 어떻게 청중들의 관심을 끌고, 공감대를 불러일으킬 수 있겠소? 내가 하는 것을 한번 보시오."

카네기는 곧 단상에 올라가 방금 전에 베이컨이 말했던 내용을 다시 이야기하기 시작했다. 그런데 신기하게도 방금 전에 이미 들었던 내용인데도 수강생들은 카네기의 단어와 말투, 동작이 어우러진 활기차고 매력적인 연설에 점점 빠져드는 것이었다.

누구보다 놀란 것은 바로 베이컨 자신이었다. 그는 같은 내용이라도 말하는 기교에 따라 상대를 사로잡을 수도, 외면받을 수도 있다는 사실을 알게 되었다. 그리고 그 차이는 바로 열정에서 나오는 것이었다.

그 후 베이컨은 직업을 바꾸지 않고 영업일을 계속하기로 마음먹고, '열정'을 자신의 좌우명으로 삼았다. 얼마 후 그는 드디어 회사 최고의 영업사원이 되었다(치우칭지엔 · 황쉬에리 편, 2007: 142-143).

열정이 베이컨의 인생을 바꿔 놓았듯이, 교수자의 열정은 그를 새로운 세계로 이끄는 동력이 된다. 교수자의 열정 앞에 학생 역시 열정적인 학습자가 된다.

나는 열정적인 강의를 한다는 말을 많이 듣는다. 사람들이 어떤 기준에 의해 그렇게 판단하는지는 알 수 없지만, 나는 이 한 몸 던진다는 생각을 가지고 강의를 한다. 검정 양복에 백묵이 묻어 옷이 하얗게 됐을 때 강의한 것 같은 느낌이 든다. 또한 보람도 느낀다. 전자매체의 발달로 인하여 수업에서 분필 사용이 거의 없어졌지만 나는 분필 또는 마카펜을 즐겨 사용한다. 설명을 하면서 칠판에 글씨를 쓰면 학생들이 더 잘 집중한다고 보기 때문이다. 강의에서 열정이란 자기 몸을 학습자에게 과감히 던지는 것이다.

2. 자신감과 신뢰감 있는 수업하기

자신에게 그 같은 힘이 있을까 주저하지 말고 자신감을 가지고 앞으로 나가라.
자신을 가지면 다른 사람의 신뢰를 얻는다.
– 괴 테 –

초등학교 시절 나는 사람들 앞에서 말도 못했다. 수업시간에 선생님께서 칠판에 문제를 쓰고 풀어 볼 학생은 앞으로 나오라고 하시면 선뜻 나가지 못했다. 차라리 지명을 할 것이지 자발적으로 나와서 풀어보라고 하는 선생님을 원망하기도 했다. 지명해서 풀라고 하면 풀겠는데……. 나갈까 말까, 얼굴은 상기되고, 나가고는 싶지만 용기가 없어서 망설이기만 했었다.

학생들을 가르치는 지금은 그때와는 전혀 다른 내가 됐다. 가르치는 일을 하는 내가 초등학교 때처럼 자신감이 없다면 어떻게 될까? 자신감이 없는 교수자의 수업에 학생들은 집중하지 못하고, 그가 제시하는 내용에 대해서는 받아들이려 하지 않을 것이다. 자신감과 신뢰감은 교수자의 중요한 덕목이다.

자신감을 갖고 수업에 임하라

우리는 어떤 일을 수행하면서 자신감이 결여되어 목적을 달성하지 못하는 경우를 종종 경험한다. 자신감이 결여되면 열정적으로 일을 추진하지 못한다. 뿐만 아니라 기억력에도 영향을 미치게 되어 학습이나 수업을 하는데 문제가 생긴다. 학생들은 자신감이 없는 교수자의 수업에 집중할 리 없다.

캐나다 맥길대학의 소니아 루피엥 박사는 노인 92명을 대상으로 15년간에 걸쳐 뇌 조영과 뇌 기능 테스트를 실시한 결과 자신감이 결여된 사람들이 자신감이 강한 사람들에 비해 뇌의 크기가 약 20% 작고 기억과 학습기능도 현저히 떨어지는 것으로 나타났다고 밝혔다.[3)]

자신이 하고 있는 일에 대해 자신감을 갖는 것이 중요하다. 자신감이 있다는 것은 자기가 하고 있는 일에 대한 확신이 있고, 그 일을 즐기고 있다는 것을 의미한다. 자신감을 갖고 일에 집중하면 하는 일이 즐겁고, 그 결과는 성공적일 것이다. 자신감은 절망을 희망으로 바꿀 수 있는 명약이다. 아무리 절망적인 상황에 처해 있다고 하더라도 자신감이 있으면 얼마든지 극복할 수 있다.

세계적인 명 지휘자 토스카니니는 원래 관현악단의 첼로 연주자였다. 그런데 그는 아주 심한 근시여서 앞을 보지 못했다. 연주자로서는 치명적인 일이었다. 그는 악보를 볼 수 없어서 미리 모든 곡을 외워서 연주회에 나가곤 하였다. 그러던 중 한번은 연주회

직전에 지휘자가 갑자기 입원하게 되었다. 오케스트라 단원 중에 곡을 전부 외우고 있던 사람은 오직 토스카니니 한 사람뿐이었다. 그래서 그가 임시 지휘자로 단 위에 서게 되었다. 그때 그의 나이 19세였다. 이 일이 있은 후에 그는 지휘자 토스카니니로 다시 태어났다.[4)]

절망을 희망으로 바꾼 토스카니니의 동력은 다름 아닌 자신감일 것이다. 절망적인 상황에 처하게 되면 아마추어는 좌절하고 만다. 하지만 프로는 피나는 노력을 통하여 전화위복(轉禍爲福)의 기회로 삼는다. 바로 이것이 아마추어와 프로의 차이이다. 프로는 자신이 하는 일을 즐기는 사람이다. 즐기는 가운데 자신감이 생겨난다. 어떤 일을 열심히 하는 사람보다 즐기는 사람이 일의 능률이나 만족도가 더 높다.

우리는 다른 사람으로부터 많은 것을 배우면서 살아간다. 다른 사람이 칭찬을 하면 자신감과 용기가 생긴다. 특히 부모는 자식을 사랑하는 마음이 돈독하다. 말과 행동으로 자식에게 희망의 메시지를 던져 준다.

제너럴 일렉트릭사의 회장이었던 잭 웰치는 경영방식의 많은 것을 어머니에게서 배웠다고 한다. 어려운 경영의 난제를 풀어나가는데 절대적으로 필요했던 자신감을 어머니가 심어주었다고 고백하였다. 어린 웰치는 말을 더듬는 습관이 있었는데, 잘 고쳐지지 않았다. 말을 더듬어서 낭패를 당할 때마다 어머니는 그가 말을 더듬는 이유를 잘 설명해 주었다.

"그건 네가 너무 똑똑하기 때문이지. 어느 누구의 혀도 네 똑똑한 머리를 따라갈 수 없을 거야."[5)]

어머니가 그에게 심어준 자신감은 그가 성공적인 경영자가 되는데 큰 힘이 되었다.

자신감은 누구에게나 요구되는 삶의 덕목이다. 교수자는 자신감이 있어야 한다. 자신감이 없으면 학생들을 가르칠 수 없다. 학생들 또한 자신감 없이 강의하는 교수자를 신뢰할 리 없다. 자신 없는 강의를 듣는 것처럼 따분한 일도 없다. 혼자서 작은 목소리로 우물우물하는 식으로 진행되는 수업을 듣는 것은 괴롭기까지 하다.

수업을 할 때 자신감이 없는 것은 가르칠 내용을 잘 알지 못하기 때문이다. 알지 못하는 길을 가면 불안하다. 사전에 지도를 보고 주변상황을 미리 익히고 있으면 처음 가는 길이라도 불안하지 않다. 수업도 마찬가지다. 준비 없이 교실에 들어가는 교수자는 간이 크거나, 아니면 학생을 무시하거나 둘 중 하나일 것이다. 요즘 학생들은 그런 교수자가 하는 이야기에 경청할 만큼 인내심이 있는 것이 아니다.

자신감 있는 교수자의 강의를 듣는 학생들은 신바람이 난다. 교수자가 하는 말에 집중하지 말라고 해도 한마디라도 놓칠세라 귀를 쫑긋 세운다. 가르치는 사람과 배우는 사람 모두가 뇌에서 나오는 도파민으로 인해 흥겹기만 하다. 뇌가 즐거우면 만사형통이다.

신뢰감으로 상호 간 마음의 문을 열라

인간관계에 있어서 신뢰만큼 중요한 덕목은 없을 것이다. 신뢰는 건강과 같아서 한번 잃게 되면 회복하기 어렵다. 진실하지 못하면 사람들로부터 신뢰를 얻지 못한다. 신뢰는 모래나 시멘트와 같은 성질을 동시에 갖고 있기 때문에 자칫하면 모래처럼 삽시간에 무너지기도 하고, 시멘트처럼 단단히 굳어지기도 한다.

신뢰는 일방적인 것이 아니라 쌍방적이다. 준만큼 되돌아오는 것이 신뢰이다.

하루는 한 여자가 장에 갔다. 그녀는 자신의 버터를 쌀과 바꾸고 싶었다. 그녀는 곧 쌀 상인을 찾았고 거래도 순조롭게 이루어졌다. 그런데 약 한 시간 뒤에 그녀는 화가 단단히 나서 쌀을 판 상인을 찾아갔다.

"여보세요! 쌀이 1킬로그램이라고 하더니 조금 모자라잖아요!"

이 말을 들은 쌀 상인은 놀라서 말했다.

"나는 당신이 1킬로그램이라고 가져왔던 버터의 무게와 똑같이 달아주었거든요."

여자는 아무런 말도 하지 못하고 얼굴이 빨개져서 돌아갔다.

정주영은 신용 하나로 자신이 일하던 쌀가게를 주인으로부터 넘겨받았다. 그가 쌀가게 배달원으로 취직했을 때 매일 새벽 누구보다 일찍 일어나 가게 앞을 깨끗이 쓸고 물까지 뿌려 놓았다. 장부기입도 하고, 누가 시키지 않아도 알아서 창고정리도 하였다.

그의 이러한 성실성과 부지런함을 보고 쌀가게 주인은 그에게 가게를 물려 주었다.

그는 쌀가게를 운영할 때부터 거래를 하던 정미소 주인인 오윤근에게 신용을 얻어 그 뒤 '아도 서비스' 라는 자동차 수리공장을 인수할 때 신용을 담보로 사업자금 3천 원을 얻을 수 있었다.

"쌀가게를 운영할 때 외상값을 제때 갚아서 이 돈을 빌려주는 걸세."

정미소 주인은 아무 담보 없이 정주영에게 선뜻 거금을 내 주었다. 당시 자동차 수리공장 인수자금은 3천5백 원이었다. 그런데 잔금을 치르고 공장을 인수한 지 닷새가 지난 새벽에 실수를 하여 불이 나서 공장이 전소되었다.

이때 정주영은 절망하지 않고 다시 정미소 주인을 찾아갔다.

"공장이 모두 불에 타 버렸습니다. 이대로 주저앉으면 영감님의 빚도 못 갚게 생겼으니 빚을 갚을 수 있도록 사업자금을 더 빌려 주십시오. 그런데 이번에도 담보로 잡힐 것이 없습니다."

정주영의 말에 정미소 주인은 빙그레 웃었다.

"그래, 내 평생 사람 잘못 봐서 돈 떼었다는 오점은 남기고 싶지 않네. 그리고 나는 단 한 번도 담보를 잡고 돈을 빌려준 적이 없고, 돈을 떼인 적도 없다네."

정미소 주인은 사람을 보고 돈을 빌려준다고 했다. 그에게 있어서 신용이 곧 담보인 셈이었다.

믿음이 있으면 아픈 몸도 낳는다.

프랑스에 에밀 꾸에(Emile Coue, 1857-1926)라는 약사가 있었다. 어느 날 그가 잘 아는 사람이 찾아와서 아픔을 호소하며 약을 지어 달라고 애원했다. 의사의 처방전이 없었기 때문에 처음에는 거절했으나, 사정이 딱하여 거짓말을 했다. 꾸에는 그 사람이 말하는 통증에는 아무 효과가 없으나 인체에 해가 없는 포도당류의 알약을 지어주었다.

며칠 후 꾸에가 우연히 길에서 그 환자를 만났는데, 그는 의외의 말을 하는 것이었다.

"그 약이 무슨 약인지 몰라도 한 알 먹고 씻은 듯이 나았어요."

환자가 약사와 그가 지어 준 약에 대한 확실한 믿음이 있었기에 가능했던 것이다.

나는 이것을 어렸을 때 경험을 통해 익히 알았다. 당시 나의 주치의는 할머니였다. 한번은 음식을 잘 못 먹었는지 배가 아파서 큰 고통을 당하고 있었다. 그때 할머니께서는 나를 눕혀놓고 손으로 배를 문지르면서 몇 번이고 반복해서 주문을 외우셨다.

"내 손이 약손이다. 내 손이 약손이다……."

잠시 후에 신통하게도 아픈 배가 나았음을 알고 어린 맘에 할머니 손이 정말로 약손인 줄 알았다. 그 후로 웬만하게 아픈 것은 할머니의 약손으로 해결되었다.

믿음, 그것은 아픔의 고통도 멎게 하는 신통한 묘약이다.

수업에 있어서도 믿음이 중요하다. 믿음이 없는 교수자의 말에 주의를 기울일 학생은 없다. 딴전을 피고 교수자와 눈을 맞추려고 하지 않는다. 믿음이 없는 교수자는 지식판매자는 될 수 있을지언정 교육자는 될 수 없다. 학생들은 지식판매자와 교육자를 명확히 구분할 줄 안다. 교육자는 신뢰가 생명이다. 그렇지 않으면 지식장사에 지나지 않는다.

믿음은 약속을 지킬 때 굳어진다. 잘 가르쳐야 한다는 것은 학생들과의 공적인 약속이다. 잘 가르치지 못하는 것은 학생들과의 약속을 깬 것이다. 잘 가르치지 못하는 교수자를 학생들은 믿지 않는다. 믿음이 없는 교사의 말에 주의를 기울일 학생은 아무도 없다. 학생들과의 개인적 약속도 반드시 지켜야 한다. 지키지 못할 약속이라면 처음부터 하지 말아야 한다. 그 약속이 무엇이든지 간에 반드시 지켜야 한다. 고지식하다는 말을 들을지언정 학생들과 한 약속은 지켜야 한다.

중국 노나라의 미생(尾生)을 기억하는가? 그는 누군가와 약속을 하면 무슨 일이 있어도 꼭 지키는 사람이었다. 어느 날 미생이 개울 다리 밑에서 한 연인을 만나기로 약속하였다. 약속시간이 지나도 여자는 나타나지 않았다. 그러는 동안 개울물이 점점 불어났다. 그래도 피신하지 않고 약속을 지키려고 하다가 익사하고 말았다. 이런 연유로 미생지신(尾生之信)이란 고사성어가 나오게 되었다.

이런 미생을 고지식한 바보 · 천치라고 하는 사람들도 있지만, 단 하나밖에 없는 생명을 바꾸면서까지 남과 한 약속을 지키려고 했다는 점을 높이 평가해야 하지 않을까?

사람들은 상대가 거짓말쟁이라고 생각되면 참말을 해도 믿지 않는다. 우리가 잘 알고 있는 이솝우화의 '양치기 소년' 에서 소년은 평소에 거짓말을 밥 먹듯 하여 그가 말하는 것은 모두가 거짓말이라고 생각하게 되었다. 이것을 '마음의 고착(mental set)' 이라 한다. '그 소년은 거짓말쟁이' 라는 마음의 고착상태가 생겨버렸기 때문에 마을 사람들은 소년이 아무리 참말을 한다고 해도 곧이듣지 않았다.

교수자도 마찬가지다. 신뢰를 잃은 교수자가 아무리 열심히 가르친다고 해도 학생들은 그를 '양치기 소년' 처럼 생각하고 수업에 집중하지 않는다.

B

3. 학생들이 선호하는 교사상

가장 좋은 교사란 아이들과 함께 웃는 교사다.
가장 좋지 않은 교사란 아이들을 우습게 보는 교사다.
– 닐 –

교수자라면 누구나 학생들로부터 좋은 평가를 받기를 바란다. 자신을 따르는 학생들이 많으면 우쭐하고 기분도 좋지만, 그렇지 않으면 우울하고 의욕을 상실하기도 한다. 학생들에게 나름대로 신경을 많이 썼지만 그들이 호의적인 평가를 하지 않을 경우에는 의기소침해진다.

대학에 강의평가 제도가 도입되어 학생들은 한 학기 동안 교수가 한 강의를 평가문항에 따라 평가하게 된다. 그 결과가 나오면 학창시절 성적표를 받아보는 것과 똑같은 기분이다. 닐(Neill)은 학생들과 함께 하는 교사가 가장 좋은 교사이고, 학생들을 우습게 보는 교사를 가장 좋지 않은 교사라고 말한다. 교사의 존재에 대해 생각해 보자. 과연 학생들은 어떤 교사를 선호할까?

교사는 학생의 평생을 좌우한다

학생에게 있어서 교사는 매우 중요한 존재이다. 유능한 교사는 학생의 성적뿐만 아니라 인생 전반에 걸쳐 긍정적인 영향을 미친다는 연구결과가 나왔다. 미국의 뉴욕타임즈는 2012년 1월 6일 하버드대학교와 컬럼비아대학교의 경제학 연구팀이 20년에 걸쳐 학생 250만 명을 대상으로 관찰한 결과 초·중등학교 때 훌륭한 교사를 만난 학생은 10대에 임신할 확률이 낮고 대학 진학률도 높을 뿐만 아니라, 성인이 되어서는 더 많은 돈을 번다는 사실을 발견하였다. 연구결과, 부가가치가 높은 교사에게 배운 4~8학년생은 평생소득이 평균점수를 받은 교사에게 배운 학생보다 4,600달러(한화로 약 530만 원)가 더 많았고, 대학 진학률도 0.5% 더 높았다.[6)]

미국 뉴저지 주의 어느 작은 학교의 허름한 교실에 26명의 학생들이 앉아 있었다. 그들은 마약 복용, 낙태 등 저마다 어두운 과거를 가지고 있었다. 잠시 후 아이들을 지도할 베라라는 이름의 새 선생님이 들어왔다. 그녀는 학생들을 향해 미소를 지으며 문제 하나를 냈다.

“다음 세 사람 중 인류에게 행복을 가져다 줄 사람이 누구인지 말해 보세요.

① 부패한 정치인과 결탁하고 점성술을 믿으며, 두 명의 부인이 있고 줄담배와 폭음을 즐긴다.

② 두 번이나 회사에서 해고된 적이 있고 정오까지 잠을 자며, 아편을 복용한 적이 있다.

③ 전쟁 영웅으로 채식주의자이며 담배도 안피고 가끔 맥주만 즐긴다. 법을 위반하거나 불륜관계를 가져 본 적이 없다."

학생들은 의심할 여지 없이 세 번째 사람을 선택했다. 하지만 선생님의 답은 뜻밖이었다.

"이 세 사람은 모두 우리가 이미 알고 있는 인물이에요. 첫 번째는 대통령이었던 프랑클린 루즈벨트, 두 번째는 영국의 수상 윈스턴 처칠, 세 번째는 수천만 명의 목숨을 앗아간 나치스의 지도자 아돌프 히틀러예요."

순간 교실에는 침묵이 흘렀다. 선생님은 다시 입을 열었다.

"여러분의 인생은 이제부터 시작입니다. 여러분은 모두 소중한 존재이고 얼마든지 꿈을 이룰 수 있습니다."

이 말은 학생들의 운명을 조금씩 변화시키기 시작했다. 훗날 학생들은 사회 각 분야에서 전문가로 활동하며 미래를 창조해 나갔다. 어떤 아이는 심리학 박사가 되었고, 법관 · 비행사가 된 아이들도 있었다(허샨, 2005).

이 이야기는 교사는 학생의 미래임을 입증한다. 학생들에게 희망을 주는 교사가 유능한 교사이며, 그에게서 배운 학생의 미래는 저 하늘에 뜬 태양보다도 더 밝은 것이다. 교사의 가르침은 학생의 평생을 좌지우지 한다.

그렇다면 유능한 교사란 어떤 사람일까?

유능한 교사와 그렇지 못한 교사에 대한 Baxter의 관점을 참고해 보자.[7)]

표 1 유능한 교사와 유능하지 못한 교사

유능한 교사	유능하지 못한 교사
• 갈등이 되는 여러 요구에 직면하여 자기 억제를 할 수 있는 능력을 가진 교사 • 침착하고 여러 개의 활동을 동시에 지도할 수 있는 능력을 가진 교사 • 항상 조용하고 학생에게 친절한 교사 • 소견을 펴는 데 있어서 건설적이고 격려적인 교사 • 목소리와 행동에 개성이 있고 흥미를 집중시킬 수 있는 장점이 있는 교사 • 학생과 대화가 잘 통하고 우호적인 교사 • 유머가 있는 교사 • 가르치는 데 열성적인 교사 • 어떤 일이나 학생들이 즐거운 마음으로 참여하도록 유도하는 교사 • 학생을 돕고 학생 스스로가 자기 일을 해결하는 데 관심을 갖는 교사 • 학생의 활동에 관심을 가지고 참여하는 교사	• 학생들의 요구에 응할 능력이 없는 교사 • 예기치 않은 문제나 요구에 부딪쳤을 때 혼란을 일으키고 화를 내는 교사 • 학생과의 관계에서 강압적이고 성급한 교사 • 벌에 의존하고 비꼬는 수단을 사용하는 교사 • 학생에게 긴장감을 불러일으키고 필요 이상으로 엄격하여 비우호적인 교사 • 맡겨진 일 외에는 아무 일도 하지 않으려는 교사 • 학생에게 무감각하고 때때로 적대적인 반응을 하는 교사 • 흥미나 열성이 없고 불확실하여 학생을 당황하게 만드는 교사 • 학생활동에 참여하지 않는 교사 • 자기 본의대로 학생을 따르도록 강요하는 교사

요약컨대, 학생의 입장에서 생각하고 열정적으로 잘 가르치는 교사가 유능한 교사라 할 수 있다. 학생과 소통하고 그들의 아픈 곳을 만져주며 배려와 격려를 아끼지 않는 교사가 훌륭한 교사이다.

학생들이 선호하는 교사상

학생들은 어떤 교사를 좋아하는가? 학생들이 좋아하는 교사의 특성 10가지를 제시하면 다음과 같다(안길훈, 2007: 126).

1위 재미있는 수업을 하는 교사
2위 유머감각이 뛰어난 교사
3위 자상한 교사
4위 이해하기 쉬운 수업을 하는 교사
5위 너그러운 교사
6위 친절한 교사
7위 친근한 교사
8위 열성적으로 수업을 하는 교사
9위 항상 미소 짓는 교사
10위 공평하게 대하는 교사

이 중 학생들이 좋아하는 교수상 '베스트 5'에 한정하여 고찰하고자 한다.

첫째, 학생들은 재미있는 수업을 하는 교사를 가장 선호한다. 재미있는 이야기가 담긴 음악을 들으면 기분이 좋아지고 정신이 집중된다. 재미있는 이야기를 들으면 기분을 좋게 만드는 도파민이라는 신경전달물질이 분비된다. 1949년에 초연된 작품으로 프랑스인 농장주인과 종군 간호사, 젊은 장교와 섬 처녀의 사랑 이야기를 다룬 뮤지컬 〈남태평양〉 중 코믹하고 경쾌한 '즐거운 이야기(Happy Talk)' 란 음악을 들어보라. 마음이 경쾌해지고 기분이 좋아진다. 이 음악을 들으면 웬지 모르게 하늘을 날 것 같이 마음이 가벼워 진다. 그야 말로 '즐거운 이야기' 를 듣는 것 같다. 학생들은 수업내용을 즐거운 이야기로 들려주는 교사를 좋아한다.

둘째, 학생들은 유머감각이 뛰어난 교사를 선호한다.

유머는 학생들의 주의를 끌어당기는데 없어서는 안 된다. 유머는 마치 음식을 만드는데 꼭 필요한 양념과 같다. 맛깔스러운 양념이 들어가지 않은 음식이 맛이 없듯이 유머가 없는 수업 역시 재미가 없어서 학생들이 들으려고 하지 않는다. 유머감각이 있는 사람은 마음이 편하고 자신감이 있는 사람이다. 유머감각은 억지로 만든 웃음거리가 아니라 마음으로부터 자연스럽게 나오는 것이다.

셋째, 학생들은 자상한 교사를 좋아한다.

사전적 의미에서 자상함이란 "세심하고 정이 깊음, 꼼꼼하고 찬찬함"이다. 즉 상대방에 대한 이해나 배려, 꼼꼼한 마음의 소유자를 자상한 사람이라고 한다. 자상한 사람은 상대방의 마음을 잘 이해하려고 노력한다. 마치 자물쇠의 마음을 이해해 주는 열쇠처럼 말이다.

견고한 자물쇠가 대문에 걸려 있었다. 굵은 철근이 젖 먹던 힘까지 다해 열려고 했지만 자물쇠는 꿈쩍도 하지 않았다.

그때 열쇠가 나타나 작고 마른 몸을 자물쇠 구멍에 넣고 가볍게 한 바퀴 돌자 묵직한 자물쇠가 열렸다. 깜짝 놀란 철근이 열쇠에게 물었다.

"내가 그렇게 온 힘을 다해도 열리지 않던 자물쇠를 연약한 네가 어떻게 그렇게 쉽게 열었니?"

그러자 열쇠가 대답했다.

"그건 내가 자물쇠의 마음을 가장 잘 이해하기 때문이야!"(우원, 2006: 59)

자상한 교사는 학생의 입장에서 생각하고 행동하는 사람이다. 무력을 사용하여 학생을 다루는 것이 아니라, 학생의 입장에서 생각할 때 굳게 닫힌 학생의 마음이 열리게 된다. 닫혀진 학생의 마음을 열기 위해서는 열쇠와 같은 교사가 되어야 한다.

넷째, 학생들은 이해하기 쉬운 수업을 하는 교사를 선호한다. 즉 학생들은 수업을 쉽게 하는 교사를 좋아한다. 쉬운 내용을 어렵게 가르치는 교사를 최하급 교사라고 한다면, 어려운 내용을 쉽게 가르치는 교사를 최고의 교사라 할 수 있다. 어려운 내용을 쉽게 가르치기 위해서는 고도의 기술이 요구된다. 가르치는 내용은 물론 학생들의 특성에 따라 가르치는 방법을 잘 알아야 하기 때문이다.

학생들이 이해하기 쉬운 수업을 하기 위해서는 학습자 특성이나 수준을 파악한 후 그것을 고려하여 수업을 전개해야 한다. 학급의 규모가 클 때에는 그것이 불가능하기 때문에 학급규모를 줄인다거나 소집단으로 편성하는 것도 바람직할 것이다.

다섯째, 학생들은 너그러운 교사를 좋아한다.

너그러운 교사는 강한 의지로 학생을 다루는 것이 아니라 부드러움과 온화함으로 학생을 다룬다. 우리가 잘 알고 있는 '태양과 북풍' 이라는 이솝우화에 나오는 태양처럼 말이다.

북풍이 자신의 힘을 과시하기 위해 소리쳤다.

"당연히 내가 강하지. 저기 가는 남자의 코트를 벗길테니 두고 보라고."

태양은 구름 뒤로 숨었고, 북풍은 세차게 몰아쳤다. 하지만 북풍이 거세면 거셀수록 그 남자는 코트 자락을 더 세게 움켜쥐고 걸어갔다.

그러자 태양이 구름 사이로 얼굴을 내밀고 노인에게 다정한 미소를 보냈다. 그때 코트를 입고 가던 남자는 코트를 벗었다.

학생들은 북풍처럼 강압적인 교사보다 태양처럼 온화한 성품을 지닌 교사를 좋아한다.

4. 알아야 할 세 가지

아이들에게 조언하는 가장 좋은 방법은 아이들이 무엇을 원하는지 알아내어
그것을 하라고 조언하는 것임을 알게되었다.
- 해리 트루먼 -

내가 처음 대학에서 강의를 할 때 가르칠 내용만 철저히 숙지하고 수업에 임하면 된다고 생각했었다. 그래서 교재를 선정하여 수업지도안도 작성하면서 나름대로 만반의 준비를 하였다. 그러나 막상 강의실에 들어가니 아침까지 생생했던 수업내용이 하나도 생각이 나지 않는 것이었다. 당황하지 않을 수 없었다. 가르칠 내용만 알면 모든 것이 다 해결될 줄로만 생각했던 것이 잘못이었다. 가르칠 내용이 생각나지 않는 것은 단순히 망각의 차원이 아니라 가르침에 임하는 교수자로서 알아야 할 것을 다 알지 못하기 때문이다. 가르칠 내용뿐만 아니라 해리 트루먼의 말대로, 배우는 사람들에 대해서도 알아야 가르칠 수 있다는 것을 이해하기까지는 오랜 시간이 걸렸다.

알아야 이긴다

내가 군대생활을 했던 시절에 아침·저녁 점호시간은 물론, 훈련 중에도 구호를 수 없이 외쳤던 기억이 아직도 생생하다.

"알아야 이긴다!"

이 말은 여러 뜻이 포함되었다고 할 수 있다. 다양한 전술을 알아야 적을 이긴다는 뜻도 있고, 적의 상황을 알아야 전쟁에서 승리할 수 있다는 뜻도 내포하고 있는 것이다. 알지 못하면 싸움에서 이기지 못한다는 뜻이다.

중국 최고(最古)의 병서(兵書)인 『손자(孫子)』〈모공편(謀攻篇)〉에도 아는 것이 중요하다는 의미의 글이 있다.

> 적과 아군의 실정을 잘 비교 검토한 후 승산이 있을 때 싸운다면 백 번을 싸워도 결코 위태롭지 않다(知彼知己 百戰不殆).
>
> 적의 실정을 모른 채 아군의 전력만 알고 싸운다면 승패의 확률은 반반이다(不知彼而知己 一勝一負).
>
> 적의 실정은 물론 아군의 전력까지 모르고 싸운다면 싸울 때마다 반드시 패한다(不知彼不知己 每戰必敗).

아군과 적군의 상황을 알고 전쟁에 임하면 백번 싸워도 전세(戰勢)가 위태롭지 않다는 뜻이다. 즉 "알아야 이긴다."는 의미이고, 바꿔 말하면, 아무 것도 모르고 싸우면 백전필패(百戰必敗)한다는 경종의 메시지가 들어있다.

이것을 교육에 적용해 보면 이렇게 되지 않을까?

가르칠 대상과 내용 · 방법을 알고 가르침에 임할 때 백 번 가르쳐도 결코 문제가 생기지 않는다.

가르칠 대상을 파악하지 못한 채 가르칠 내용만 알고 가르침에 임하면 잘 가르칠 확률은 반반이다.

가르칠 대상과 내용 · 방법을 알지 못하고 가르침에 임하면 반드시 실패한다.

싸움에 있어서 전술(戰術)이 있듯이, 가르침에 있어서도 교술(敎術), 즉 가르치는 기술이 있는 것이다. 교술에 능한 교수자가 명교수자요, 그가 하는 수업에 학생들은 집중을 한다.

다시 한번 상기하자.

"알아야 이긴다."

이 말은 요즘 방송가에서도 다큐멘터리나 뉴스 등의 주제로 자주 등장한다.

"특허전쟁, 알아야 이긴다."

"성인병(당뇨병 · 암 등), 알아야 이긴다."

바야흐로 '알아야 이기는' 세상이 되었다.

교수자가 알아야 할 세 가지

교수자는 세 가지, 즉 가르칠 대상(학습자), 가르칠 내용(수업내용), 가르치는 방법(교수법)을 알아야 한다. 가르칠 내용만 알면 가르칠 수 있다. 가르칠 내용과 가르칠 대상을 알면 '더 잘' 가르칠 수 있다. 가르칠 대상, 가르칠 내용, 가르칠 방법, 이 세 가지를 알아야 '아주 잘' 가르칠 수 있다.

첫째는 가르칠 대상이다.

학년 초에 반 배정과 교과 담당 배정이 끝나면 교사들은 자신이 1년 동안 가르칠 학생들이 누군지에 대해 관심을 갖는다. 학생들이 누구인지를 알아야 그들의 특성을 고려한 수업을 준비할 수 있기 때문이다. 학습자들은 어떤 특성을 갖고 있는가? 선행지식이나 경험의 수준은 어느 정도인가? 어떤 학습방법을 선호하는가? 등을 파악함으로써 학생들이 집중할 수 있는 수업을 할 수 있다.

지금은 전설 같은 이야기가 되었지만, 내가 중학교에 다닐 때만 해도 가정방문이라는 것이 있었다. 담임 선생님이 동네별로 날짜를 정해서 가정방문을 하였다. 그 날이 오면 학생들은 긴장이 된다. 가정이나 학교에서 학생의 취약한 부분이 폭로되기라도 한다면 치명적인 상처를 입고 1년을 견뎌야 하는 고통은 생각보다 심했다.

가정방문은 교사가 학생의 가정환경, 즉 가정의 생활정도, 부모님의 직업 · 학력, 가족 사항, 교육환경 등에 대해 알고 그것에 적합하도록 지도를 하기 위함일 것이다.

성경에는 이집트에서 탈출하여 하느님이 약속하신 가나안 땅으로 향하는 이스라엘 백성들의 이야기가 나온다. 가나안 땅에 거의 도착했을 때 하느님은 모세에게 그곳을 정찰할 사람을 보내도록 하였다. 모세는 정찰대 12명을 뽑아서 가나안 땅으로 보냈다. 새로운 땅을 점령하기 위해서는 그곳의 사정을 잘 알아야 하기 때문이다. 사람들의 특성, 지형 및 기후, 자연환경 등 전반적인 상황을 파악함으로써 현지에 도착했을 때 직면하게 될 문제에 대처할 수 있을 것이다. 특히 그곳에 살고 있는 사람들이 어떤 사람들인지를 알므로써 그 땅을 정복할 수 있기 때문이다.

둘째는 가르칠 내용이다.

교수자로서 자신이 가르칠 내용에 대한 전문지식을 갖추어야 하는 것은 당연하다. 초·중등학교 교사는 교원양성대학에서 전공에 관한 전문지식을 학습했기 때문에 가르칠 내용에 대한 특별한 문제는 없을 것이다. 하지만 대학에서 직전교육을 통하여 전문지식을 습득했다고 하더라도 지속적인 자기연수를 하지 않으면 변화하는 시대에 적합한 내용을 가르칠 수 없다. 많이 알아야 가르칠 수 있다. 100을 알아야 하나를 가르칠 수 있다는 말도 있다. 많이 아는 것과 잘 가르치는 것은 다르지만, 아는 것이 많아야 잘 가르칠 수 있는 것이다.

유대인들은 지식을 사랑하는 민족이다. 유대인들은 아버지보다 교사를 먼저 생각한다. 만일 아버지와 교사가 함께 감옥에 있는데, 그 중 한 명만 구해야 한다면 아이들은 누구를 먼저 구하게 될까? 아이들은 아버지보다 교사를 먼저 구한다. 왜 일까? 지혜와 지식을 전수해 주는 교사를 누구보다도 중히 여기기 때문이다. 그만큼 지식이 많은 사람을 대우한다는 뜻이기도 하다. 어릴 때부터 지식이 많은 사람에 대한 존경심을 가르쳤기 때문에 유대인들이 세계적인 석학, 노벨상 수상자가 그토록 많이 나왔던 것이다.

교사가 되기 위해서는 가르칠 분야에 대한 지식이 많아야 한다. 아는 것이 많아야 가르칠 수 있다. 아는 만큼 보이고, 보이는 만큼 가르치는 법이다.

셋째는 가르치는 방법이다.

음악에 재능이 있는 한 어부가 고기를 잡으러 피리와 그물을 가지고 해변으로 갔다. 그는 바위에 서서 자신이 부는 피리의 멜로디에 매혹되어 고기들이 아래쪽에 쳐놓은 그물로 춤추며 들어오기를 기대하며 피리를 불었다. 하지만 고기들이 잡히지 않자 피리를 바위에 놓고 그물을 던져 고기를 많이 잡았다(이솝, 2005: 212).

어째서 어부는 고기를 잡지 못했을까? 고기 잡는 방법에 문제가 있기 때문이다. 고기는 그물로 잡아야 한다. 하지만 어부는 음악에 재능이 있다고 음악을 통해서 고기를 잡으려 하였다. 자신이 아무리 어떤 분야에 재능이 있다고 하더라도 그것을 용도 외로 사용할 때 효과를 기대할 수 없다. 음악으로 물고기들을 즐겁게 해 줄 수는 있을지 모르지만, 그것을 고기를 낚는데 쓸 수는 없다.

"많이 알고 있는 것과 잘 가르치는 것은 다르다."는 말이 있지만, 아무리 지식이 많다고 하더라도 그것을 잘 전달하지 못하면 교수자의 역할을 다했다고 할 수 없다. 교수자에게 있어서 교수방법이 중요한 이유가 바로 여기에 있다. 교수자는 자신의 머릿속에 들어있는 지식을 학습자의 머릿속으로 잘 전달해 줄 수 있어야 한다. 잘 '전달' 해 주는 방법, 그것이 바로 교수법이다.

학습자를 조직하는 방법, 가르치는 기법, 교수매체 활용 방법, 평가방법 등 교수설계로부터 평가에 이르는 교수과정 전반에 대한 이해가 있을 때 잘 가르칠 수 있는 것이다.

대학교수들은 교수법에 대해 학습하지 않고 교직에 발을 들여놓는 경우가 대부분이다. 그러면서 자신이 교수법의 대가인 양 큰소리를 친다. 교수법에 대해 이러쿵저러쿵 하면 자신의 영토를 침범하기라도 한 듯 노발대발한다. 그러지 말고 교수법에 대해 배우자.

"배워서 남주자."

5. 학습자 특성 알기

사람들 간에는 아주 작은 차이만 있다.
그러나 그 작은 차이가 큰 차이를 낳는다.
– W. 클레멘트 스톤 –

아인슈타인이 우리나라에서 태어났다면 어떻게 되었을까? 아마도 그는 대학에 가지 못하고 허드렛일을 하고 있을 것이다. 수학에 가장 자신이 있지만 그것만으로는 대학에 들어갈 수 없기 때문이다(문용린, 2004: 24). 학습자의 특성을 고려하지 않는 우리나라의 교육을 꼬집는 이야기다. 어떤 한 분야에서 특별한 능력은 없지만 다양한 분야에서 조금씩이라도 할 수 있는 사람을 길러내고 있는 것이 우리 교육의 현실이다.

학습자의 특성을 반영한 교육이 이루어져야 한다. 클레멘트 스톤의 말대로, 사람들 사이의 작은 차이가 큰 차이를 낳기 때문이다. 사소한 것 같은 학생들의 특성 차이를 경시한다면 결과적으로 큰 격차가 생기게 된다. 학습자의 어떤 특성을 알아야 할까?

학습자 특성을 고려하지 않은 교육 대(對) 눈높이 교육

동물학교 이야기는 학생들의 특성을 고려하지 않은 교육의 결과를 비유적으로 말해 준다.

어느 날 동물의 대표들이 한 자리에 모였다. 난상 토론이 이어지던 끝에 어떤 동물이 좌중을 주목시킨 다음 말문을 열었다.

"동물 여러분! 인간들은 힘이 세지도 않습니다. 그런데도 그들은 총을 만들어 우리를 굴복시켰습니다. 그들은 달리기도 형편없습니다. 그렇지만 자동차를 만들어 우리보다 더 빠르게 이동합니다.

헤엄치기도 잘 못하면서 배를 만들어 망망대해를 주름잡는가 하면, 날개가 없으면서도 비행기를 만들어 하늘을 자유롭게 날아다니는 것은 물론 별나라까지 간다고 합니다. 그런데 우리는 인간들이 갖지 못한 좋은 조건을 갖고 있으면서도 그들의 지배를 받습니다. 왜 그럴까요? 그 이유는 단 한 가지입니다. 인간 세상에는 학교라는 것이 있어서 어려서부터 배우고 익혀서 어른이 되면 이것저것 다 잘하게 되기 때문이지요. 그러니까 우리도 지금부터 학교를 만들어 모든 동물들을 가르쳐야 합니다.

한 가지만 잘해서는 인간을 이길 수 없습니다. 우리 동물들도 바다에 살건 육지에 살건 달리기 · 날기 · 헤엄치기를 모두 익혀서 인간들에게 대적해야 합니다. 여러분, 당장 학교를 만듭시다."

듣고 보니 옳은 말이어서 모두들 고개를 끄덕이며 박수를 보냈다. 그리하여 특기별로 소질이 뛰어난 동물들이 교사가 되어 동물학교가 문을 열게 되었다. 학교에 가서 열심히 배우고 드디어 졸업식을 거행하게 되었다. 각지에서 모인 동물들은 긴장하면서 성적발표를 기다렸다.

단상에 오른 교장선생님이 성적을 발표하기 시작하였다.

"성적을 발표하겠습니다. 호랑이! 달리기 100점, 헤엄치기 50점, 날기 0점, 평균 50점으로 낙제!"

호랑이들은 으르렁 거리며 공부를 못한 호랑이 학생을 행해 이빨을 드러냈다.

"다음에는 독수리! 달리기 20점, 헤엄치기 0점, 날기 100점, 평균 40점으로 역시 낙제!"

"상어! 달리기 0점, 헤엄치기 100점, 날기 0점, 평균 33.3점으로 낙제!"

점수발표가 계속 이어졌지만 졸업장을 받는 동물은 하나도 나오지 않았다. 실망한 동물들이 탄식을 늘어놓았다.

마지막으로 오리의 차례가 되었다.

"달리기 40점, 날기 40점, 헤엄치기 100점, 평균 60점으로 오리가 전체 1등이자 유일한 졸업생입니다."

동물학교 교장선생님의 말이 채 끝나기도 전에 동물들은 일제히 야유를 보내면서 자리를 박차고 일어섰다. 그리하여 동물 학교는 그날로 문을 닫고 말았다(정우현, 1997: 172-174).

『순자』의 「근학편(勤學篇)」에는 석서(鼫鼠)라는 다람쥐 이야기가 나온다. 석서는 크기는 쥐만하고, 머리는 토끼처럼 생겼으며, 꼬리에는 푸르스름한 털이 나 있다. 석서는 날기 · 달리기 · 헤엄치기 · 나무타기 · 굴파기 등 5가지 재주를 가지고 있었기 때문에 오기서(五伎鼠)라고 부르기도 하였다. 하지만 재주는 많아도 제대로 하는 것이 하나도 없었다. 난다고 해야 지붕 꼭대기까지도 날지 못하고, 헤엄을 쳐봐야 좁은 냇물도 건너지 못하였다. 나무를 타고 올라가 봐야 꼭대기까지 가지 못하고, 달려 봐야 사람보다 빠르지 못하며, 굴을 파 봐야 제 몸 하나도 감추지 못하였다.

우리 교육의 현실은 특별한 분야의 능력을 키워주기보다 여러 분야를 조금씩 할 줄 아는 오리나 석서와 다름없는 사람을 길러내고 있다.

2002년에 노벨 물리학상을 받은 일본인 코시바 마사토시 교수는 도쿄대학의 물리학과를 다닐 때 16개 과목 중 물리학 실험 I과 II만 우(優)를 받았고 나머지는 양(良)이 10개, 가(可)가 4개였다고 한다. 전체 학점을 기준으로 했다면 그가 노벨 물리학상을 받기는 커녕 열등생으로 낙인 찍혀 암울한 삶을 살았을지도 모른다.

학생의 특성을 찾아 그에 적합한 방법으로 가르칠 때 학습효과가 높음은 물론이다. 소위 말하는 눈높이 교육을 해야 한다는 것이다.

공자는 제자들의 특성에 맞춰 눈높이 교육을 하였다.

어느 날 제자인 자로(子路)가 스승인 공자에게 물었다.

"선생님, 좋은 가르침을 들으면 곧바로 실천해야 합니까?"

공자가 대답하였다.

"아버지도 계시고 형님도 계신데 가르침을 받았다고 어찌 그것을 곧바로 실천해야 하겠느냐? 반드시 그분들에게 여쭈어보고 행동해야지."

자로가 나가고 조금 있다가 염유(冉有)가 들어와서 공자에게 물었다.

"선생님, 좋은 가르침을 들으면 곧바로 실천해야 합니까?"

공자가 대답했다.

"아무렴, 좋은 가르침을 들으면 곧바로 실천해야 하고말고."

염유가 나간 뒤 공자를 모시던 공서화(公西華)가 이상하다는 듯이 물었다.

"선생님, 이상합니다."

"뭐가 이상하다는 말이냐?"

"자로와 염유 두 사람이 같은 질문을 했는데 어째서 서로 반대로 대답하시는 겁니까?"

"왜 그렇게 했느냐 하면, 염유는 너무 소극적이라 격려하려고 한 것이고, 자로는 너무 적극적이라 성질을 녹여주려고 한 것이다." (김태완 편역, 2007: 26)

공자는 제자들의 특성을 잘 파악하여 눈높이 교육을 하였다. 그 결과, 자로는 진취적이고 용맹한 성격에 걸맞게 군사 분야에서 뛰어난 재능을 발휘했고, 염유는 세심하고 꼼꼼하며 소극적인 성격에 걸맞게 세무회계와 같은 분야에서 재능을 발휘하였다.

학습자의 어떤 특성을 알아야 하는가?

그러면 교수자는 학생의 어떤 특성을 알아야 하는가? 여기서는 가장 기본적인 사항, 즉 연령 · 성 · 사전지식에 한정하여 살펴보기로 한다.

어떤 사람에게 소개할 때 가장 먼저 언급하는 것 중의 하나는 상대방의 나이다. 나이는 개인의 외모나 경험을 간접적으로 나타내 주는 지표이기도 하다. 나이는 관심 및 지식뿐만 아니라, 태도 · 신념 및 가치관에 영향을 미친다. 교수자는 학생의 연령적 특성에 따라 교수방법을 달리해야 한다. 청소년들은 경험이 부족하고 이상주의적이며 자유분방한 사고를 하는 경향이 있다. 신중하지 못하고 낙천적이며 항상 새로운 일에 도전하려 한다. 청소년을 대상으로 하는 수업에서는 형식적이지 않은 '캐주얼한' 화법이 좋을 것이다. 요즘 청소년들은 은어와 속어가 난무하는가 하면 국적 불명의 언어가 판을 치기도 한다. 인터넷의 발달로 청소년들의 이러한 언어는 확산의 폭이 광범위하고 속도가 매우 빠르다.

교수자는 청소년들이 사용하는 이러한 언어를 제재할 수 없을 것이기 때문에 가능한 이들이 사용하는 언어를 이해하고 소통하기 위해 노력해야 할 것이다. 우리는 흔히 "말이 통하지 않는다."는 말로 소통의 단절을 이야기하곤 한다. 말이 통해야 상대를 이해할 수 있다. 우리는 자신을 이해하고 알아주는 사람이 하는 말에 귀 기울인다.

성(sex)은 남녀 간 생물학적 차이를 말한다. 사회학적 성(gender)은 남성과 여성이 다르게 지각하고 행동하는 사회화된 성향을 말한다. 사회학적 성은 학습된 것이다.

여성과 남성은 뇌구조가 다르다. 여성은 남성보다 뇌량이 크며, 특히 뇌량 뒷부분에 있는 팽대부(膨大部)가 남성보다 20%나 커서 좌우 뇌를 균형있게 사용한다. 따라서 어느 한 가지에 치우침이 없이 한번에 여러 가지 일을 균형 있게 하거나 세부적인 일을 꼼꼼히 챙길 수 있다. 여성이 한번에 여러 가지 일을 해 치우고 작은 일에도 일일이 신경을 쓸 수 있는 반면, 남성은 한 가지 일에 집중하면 나머지는 눈에 들어오지 않는다(다쿠미 에이이치 외, 2006: 149).

학생들은 각기 다른 사전지식(prior knowledge)을 가지고 수업에 임한다. 학습할 내용에 대해 전혀 모르는 학생으로부터 전부는 아니지만 많은 것을 알고 있는 학생에 이르기까지 매우 다양한 사전지식의 스팩트럼을 이루고 있다. 사전지식이 많은 학생은 수업내용을 잘 이해한다. 예습의 필요성이 바로 여기에 있다. 예습을 하면 사전지식이 많아진다. 사전지식은 시험점수의 약 81%를 설명한다(Dochy, Segers, and Buehl, 1999). 즉 사전지식이 많은 학생은 그 만큼 시험을 잘 본다는 이야기다.

Dale(1969)은 경험의 삼각뿔을 제시하면서 사전지식 수준과 제시방법에 대해 설명을 덧붙인다. 일반적으로 사전지식의 수준이 낮을

수록 구체적인 경험과 예화를 많이 제시해 주는 것이 바람직하고, 반대로 사전지식의 수준이 높을수록 추상적 수준의 자료, 예를 들면 언어(말)로 설명한다고 하더라도 잘 이해할 수 있다([그림 1] 참조).

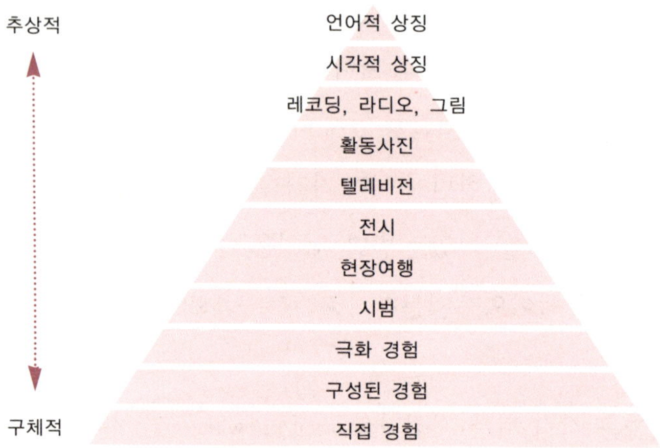

그림 1 경험의 삼각뿔

6. 감각별 학습스타일

서툰 의사는 한 번에 한 사람을 해치지만,
서툰 교사는 130명을 해친다.
– 보이어 –

무엇인가를 눈으로 보면서 학습했을 때 효과가 높은 사람이 있는가 하면, 귀로 들으면서 학습할 때 효과가 높은 사람도 있고, 손으로 만들 때 학습효과가 높은 사람도 있다. 학생들이 어떤 감각을 선호하는가에 따라서 교수법이 달라져야 한다. 학생들이 선호하는 감각을 조사하여 그것에 맞는 수업을 한다면 학생들은 배움에 대한 의욕이 높아지고 학습효과도 높을 것이다. 교수자가 학생들의 학습스타일을 알지 못하고 수업을 했을 때 저하되는 학습효과는 고스란히 학생들의 피해로 돌아간다. 보이어가 관찰한 바와 같이, 서툰 교사로 인한 피해는 서툰 의사로 인해 받는 피해보다 훨씬 더 크다는 것을 명심하자. 학생들이 선호하는 감각에 따라 어떻게 가르쳐야 할까?

여러 감각을 활용하면 기억이 오래간다

1970년대 신경언어 프로그래밍의 창시자인 밴들러와 그린더 (Bandler and Grinder, 1975)는 감각을 어떻게 사용해서 세상을 받아들이는가에 따라 사람들을 시각형 · 청각형 · 체각형의 세 가지 유형으로 분류하였다. 이들 세 가지 유형의 감각 중 어느 것을 선호하느냐에 따라 관점이나 관심이 달라진다.

시각형인 철수, 청각형인 영란이, 체각형인 만식이가 록 콘서트에 갔다고 가정하자. 콘서트가 끝난 후 자신의 경험을 이야기할 때 철수는 콘서트 장면을 언어적인 그림으로 그려 보인다.

"너도 직접 그걸 봐야 하는 건데. 사람들이 모두 펄쩍펄쩍 뛰고 난리였어."

영란이는 콘서트 장의 소리에 대해 이야기 한다.

"음악이 정말 대단했어. 직접 들어보지 않고서는 도저히 모를 거야."

만식이는 주로 감정과 촉각을 언급하면서 콘서트가 어떤 느낌이었는지를 이야기 한다.

"콘서트 장의 열기가 대단했어. 그 넓은 장소가 사람들로 가득했지. 몸을 움직이기도 힘들 정도였으니까."

시각형은 회화적 언어를, 청각형은 음향적 언어를, 체각형은 신체적 언어를 주로 사용한다.

여러 감각기관을 동원하여 정보를 수집하면 더 풍부한 정보를 얻을 수 있고 학습한 내용도 더 오래 남는다. 즉 여러 감각을 동원하여 기억하면 감각들이 협응하여 학습효과를 높일 수 있다. 이것을 감각의 협응효과라 한다.

이를 증명하는 한 실험결과가 있다. 지능지수가 비슷한 10명의 학생을 선발하여 5명씩 두 조로 나누었다. 1조는 의자 5개와 성경책 5권이 있는 실내에서, 2조는 성경책 5권 이외에 종교 화보집 몇 권과 종교음악을 틀어 놓은 곳에서 성경을 암기하도록 하였다. 과연 어느 조가 더 잘 암기했을까? 결과는 여러 감각을 사용한 2조가 1조보다 월등하게 잘 암기한 것으로 나타났다(주통, 2009: 21-22).

시각자료를 사용하지 않고 말로만 설명할 경우 3시간 후에는 배운 내용의 70%를 기억하지만, 3일 후에는 10%밖에 기억하지 못한다. 시각만을 사용한 경우에는 3시간 후에는 72%, 3일 후에는 20%가 기억된다. 그러나 말과 시각자료를 병행할 경우에는 각각 85%와 60%가 기억된다(야하타 히로시, 2003: 262).

독서할 때도 여러 감각을 사용하면 이해가 잘된다.

독서삼도(讀書三到)란 말이 있다. 제자들을 가르치면서 중국 송대의 성현인 주자(朱子)가 사용한 독서법이다. 책을 읽을 때는 안도(眼到) · 구도(口到) · 심도(心到)로 읽어야 한다는 것이다.

안도는 눈으로 보는 것을 말하는데, 독서를 시작하면 한 눈 팔지 말고 열심히 읽어야 한다는 뜻이다. 구도는 입으로 소리내어 읽는다는 뜻이다. 심도는 모든 잡념과 망상을 버리고 글 읽기에 전념해야 한다는 뜻으로, 주자는 독서삼도에서 가장 중요하다고 보았다(주퉁, 2011: 22).

마음을 다하지 않으면 눈으로 자세히 볼 수 없고, 마음과 눈이 집중하지 않고 입으로 읊기만 하면 기억할 수 없을 뿐만 아니라, 기억한다고 하더라도 오래 지속되지 않는다.

독서삼도는 눈 · 입 · 마음의 세 가지 감각을 사용하여 독서를 해야 한다는 다감각의 협응효과를 표현한 말이라 하겠다. 글을 읽을 때는 정신일도(精神一到), 즉 주의집중하면서 그 뜻을 마음으로 음미해야 기억에 오래 남는다는 주자의 가르침이 독서삼도의 의미일 것이다.

정신분석학의 원조인 프로이드는 어려서 라틴어나 그리스어 문법을 외울 때 손으로 벽을 똑똑 두드리고 돌아다니면서 공부를 했다고 한다. 벽을 두드리는 소리가 청각을 자극하면 기억하고 싶은 내용이 복수회로에 의해 뇌로 보내진다. 그러면 그것을 떠올리고 싶을 때 하나의 회로가 닫혀 있더라도 또 하나의 회로가 열려 있으면 기억을 잇달아 재생시킬 수 있는 것이다. 라디오를 들으면서 공부하면 쉽게 암기할 수 있다는 사람이 있는데, 이것도 같은 이치이다(라이프 엑스퍼트, 2007: 39). 음악을 들으면서 공부하는 학생을 구박하지 말라.

링컨은 자신이 기억하고 싶은 것은 큰 소리로 읽었다. 매일 아침

사무실에 도착하자마자 다리를 의자에 걸친 채 소파에 드러누워서 소리 내어 신문을 읽었다. 이에 대해 동료들은 참을 수 없을 정도로 신경이 거슬러서 왜 그런 식으로 읽느냐고 물어보았다. 그는 이렇게 설명하였다고 한다.

"소리 내 읽으면 두 가지 감각으로 생각할 수 있다네. 첫째는 읽는 것을 눈으로 볼 수 있고, 둘째는 귀로 들을 수 있지. 이렇게 하면 더 잘 기억할 수 있다네."(데일 카네기, 2007: 127-128)

프로이드나 링컨은 다감각의 협응효과를 활용한 덕분에 암기를 잘 하는 사람으로 후세에 알려지게 된 것이다.

감각별 학습스타일에 따른 교수법

시각형 학습자(visual learner)는 보는 것을 통해서 학습한다. 그들은 눈이 학습의 무기다. 그들은 머릿속에 그림을 연상하는 경향이 있고, 시청각 교재에 관심을 갖는다. 이러한 학습자들은 시각적으로 산만하지 않은 앞자리에 앉는 경향이 있다. 앞자리에서 교수자의 얼굴표정이나 보디랭귀지를 관찰하고 그것을 정보와 관련시켜 학습내용을 이해하고자 한다. 아울러 정보를 습득하는데 도움이 되도록 노트필기를 즐겨 하는 경향이 있다. 학습자의 40%가 이러한 유형에 속한다.

시각적 학습자의 특징은 다음과 같다.

- 읽거나 본 것을 기억한다.
- 그림이나 글로 생각한다.
- 얼굴표정에 자신의 감정이 나타난다.
- 보거나 쓰지 않은 정보는 존재하지 않는다.
- 말로 하는 것보다 글로 쓰여진 자료를 선호한다.
- 색깔을 사용한다.
- 자세하게 필기할 수 없는 프리젠테이션을 좋아하지 않는다.
- 이름이 아니라, 얼굴을 기억한다.

시각적 학습자를 가르칠 때는 다음과 같은 점을 고려해야 한다.

- 강의를 들으면서 필기하도록 한다.
- 강조할 부분은 색깔을 사용한다.
- 내용을 기억하도록 하기 위해 도해를 사용한다.
- 학습자료를 정리한다.
- 노트와 학습자료를 보다 많이 정리할수록 내용을 기억하기 쉽다.
- 핵심어를 설명하기 위해 차트와 다이어그램을 사용한다.
- 설명할 내용을 판서한다.

청각형 학습자(auditory learner)는 소리를 들음으로써 가장 잘 학습한다. 그들은 말로 하는 설명, 토론, 다른 사람들이 말하는 것을 듣는 것에 잘 반응한다. 그들은 그림이 아니라 말로 생각한다. 학습자의 30%가 청각형의 학습자이다.

청각적 학습자는 다음과 같은 특징이 있다.

- 들은 것을 기억한다.
- 말하면서 필기한다.
- 다른 사람이 말하는 것을 들을 때 눈을 움직인다.
- 음악을 들음으로써 잘 기억한다.
- 들을 때 비로소 쓰여진 정보가 의미가 있다.

청각형 학습자를 가르칠 때는 다음과 같은 점을 고려해야 한다.

- 가르치고자 하는 자료를 설명한다.
- 설명을 큰소리로 읽는다.
- 주제를 따라가기 위해 노래를 만든다.
- 강의내용을 테이프에 기록하여 시간 나는 대로 복습하도록 한다.
- 일련의 단계를 학습하기 위해 그것을 문장형태로 작성하여 큰소리로 읽도록 한다.

체각형 학습자(kinesthetic learner)는 행함으로써 학습(learning by doing)한다. 그들은 양손을 사용하고, 학습과정을 극대화하기 위해 다른 사람들과 상호작용을 통한 경험을 필요로 한다. 약간의 신체적 이완을 위해 규칙적인 휴식도 하고, 가끔씩 일어서서 손을 뻗거나 자리를 이동하기도 한다. 학습자의 30%가 이러한 유형에 속한다.

체각형의 학습자의 특징은 다음과 같다.

- 보거나 말한 것이 아니라, 행한 것을 기억한다.
- 만지고 움직이는 과정을 통해 학습한다.
- 모방과 연습을 통해 학습한다.
- 게임을 좋아한다.
- 사물을 만져서 지각한다.
- 읽는 학습을 하는 것을 어려워한다.
- 충동적이다.
- 격식 없는 옷을 입는 것을 좋아한다.
- 무의식적으로 사람들을 만진다.

체각형 학습자를 가르칠 때 고려해야 할 점은 다음과 같다.

- 만지는 감각을 활용함으로써 학습을 강화하기 위해 컴퓨터를 활용한다.
- 가능한 손을 사용할 수 있는 수업을 한다.
- 설명할 때 제스처를 사용한다.
- 정보를 암기하거나 설명하기 위해 리듬을 사용한다.
- 강의내용을 기록하여 듣도록 한다.
- 학습 파트너와 역할극을 활용한다.
- 현장방문에 참여한다.

학습스타일 측정하기

이제, 자신의 학습스타일을 알아보자.

아래 질문을 읽고 가장 먼저 떠오르는 답에 ○표 하라.

표 2 학습스타일 측정표

문항 번호	질문	번호	보기
1	컴퓨터의 작동원리를 배우려고 한다면 어떻게 할 것인가?	①	컴퓨터의 작동원리를 설명한 책이나 비디오를 본다.
		②	전문가의 설명을 듣는다.
		③	컴퓨터를 분해하여 어떻게 작동하는지를 알아보기 위해 노력한다.
2	재미있는 책을 읽고 싶다면 어떤 책을 고르겠는가?	①	사진이나 그림이 많이 실린 여행기
		②	대화가 많은 추리물
		③	직접 풀어보는 퀴즈 또는 퍼즐 책
3	어떤 단어의 철자가 생각나지 않을 때 주로 어떻게 하는가?	①	그럴 듯해 보이는 단어를 고른다.
		②	소리내어 발음해 본다.
		③	그럴 듯하게 생각되는 단어를 고른다.
4	전날 밤 어떤 모임에 참석했을 때 다음 날 주로 어떤 것이 생각나는가?	①	이름은 모르지만 모임에 참석한 사람들의 얼굴
		②	얼굴은 모르지만 모임에 참석한 사람들의 이름
		③	모임에서 한 자신의 말과 행동
5	시험공부를 할 때 어떻게 하는가?	①	공책과 교과서의 큰 제목을 읽고 도표와 그림을 살펴본다.
		②	모르는 점을 다른 사람에게 묻거나, 중요한 사항을 낮은 소리로 읊조린다.
		③	색인카드를 만들어 중요한 사항을 적고, 도표 등을 직접 그려본다.

6	'강아지'란 단어를 보았을 때 가장 먼저 하는 것은 무엇인가?	①	강아지의 상세한 모습을 떠올린다.
		②	'강아지'라고 낮은 소리로 읊조린다.
		③	강아지와 함께 있었을 때의 느낌(쓰다듬어 주거나 데리고 놀았던 기억 등과 같은)을 머릿속에 떠올린다.
7	무슨 일에 집중하려고 할 때 가장 방해가 되는 것은 무엇인가?	①	시각적 자극
		②	소리
		③	배고픔이나 꽉 끼는 신발 등과 같은 걱정거리
8	어떤 문제를 해결하려 할 때 주로 어떤 방법을 택하는가?	①	해야 할 일의 목록을 만들어 순서를 정한 다음 다 한 일은 지워 나간다.
		②	전화를 걸어 친구나 전문가와 상의한다.
		③	문제의 모델을 만들거나, 문제의 모든 단계를 마음속으로 되짚어 본다.
9	극장 앞에서 길게 줄을 서 있는 동안 무엇을 하는가?	①	다른 영화 포스터를 본다.
		②	뒤에 있는 사람에게 말을 건다.
		③	발을 움직이거나 제자리에 서성거리는 등 몸을 움직인다.
10	과학 박물관에 막 들어섰을 때 가장 먼저 무엇을 하는가?	①	주위를 둘러본 후 전시물의 위치를 알려주는 지도를 찾는다.
		②	박물관 안내원에게 전시물에 대해 묻는다.
		③	가장 흥미로워 보이는 첫 번째 전시실을 본 다음 안내문을 읽는다.
11	화가 났을 때 주로 어떻게 하는가?	①	얼굴을 찌푸린다.
		②	소리를 지르거나 화를 낸다.
		③	발을 구르며 문을 꽝 닫는다.

12	기쁠 때 주로 어떻게 하는가?	①	미소를 짓는다.
		②	기쁨에 겨워 소리를 친다.
		③	기뻐하며 펄쩍펄쩍 뛴다.
13	어떤 클럽에 가입하고 싶은가?	①	미술반
		②	음악반
		③	운동반
14	음악을 들을 때 어떻게 하는가?	①	공상에 빠진다(음악에 표현된 이미지를 떠올린다).
		②	흥얼 거린다.
		③	음악에 맞춰 몸을 흔들거나 발로 박자를 맞춘다.
15	이야기를 전할 때 어떤 방식을 선호하는가?	①	글로 쓴다.
		②	큰소리로 말한다.
		③	행동으로 나타낸다.
16	자주 가 볼 수 있는 곳은 아니지만, 레스토랑이나 카페를 생각해 보라. 그중 가고 싶지 않은 곳은 어디인가?	①	조명이 너무 밝은 곳
		②	음악이 너무 시끄러운 곳
		③	의자가 불편한 곳

* 출처: 조니 킨처 (1997: 226-230).

대부분 ①에 답했다면 시각형 학습자, ②에 답했다면 청각형 학습자, ③에 답했다면 체각형 학습자라 할 수 있다. 한곳에 치우치지 않고 두 가지나 세 가지가 골고루 나왔다면 둘 또는 세 가지 학습스타일을 갖고 있는 것이다.

7. 소통과정으로서 강의

의사소통에서 가장 중요한 것은
다른 사람이 하지 않은 말을 듣는 것이다.
– 피터 드러커 –

많은 교수자들은 강의중심으로 수업을 전개한다. 학생들에게 침묵을 강요하면서 교수자 혼자서 설명위주로 수업을 하는 것이다. 질문하는 학생이 있으면 진도를 방해하는 학생으로 간주하고 입을 막는다. 주어진 교육과정에 따라 교수자가 준비한 내용을 학생들에게 전달해주는 우편배달부식 교육을 하는 것이다.

강의는 교수자의 독무대인가? 학생들이 질문하지 못하게하면서 교수자 혼자서 열심히 설명하는 것이 과연 교수자의 역할인가? 궁극적으로 강의란 무엇인가? 결론적으로 말하면, 강의는 교수자와 학습자의 의사소통 과정이다. 피터 드러커의 말대로, 의사소통에서 가장 중요한 것은 사람들이 말하지 않는 것을 간파해내는 것이다.

강의에 대한 오해

강의에 대해 우리가 오해하고 있는 것이 있다. 이러한 오해는 전통적으로 교수자와 학습자 사이의 위계적 관계를 가정하고 있는 데서 비롯된다. 교육의 주체가 교수자이고 학생은 객체라는 생각에서 오는 문제들이라 할 수 있다.

흔히 사람들은 강의에 대해 이런 오해를 한다.

첫째, 강의는 교수자가 준비한 것을 학습자에게 전달하는 일방통행식이어야 한다고 생각한다.

많은 사람들은 강의를 교수자가 학습자들에게 일방적으로 수업내용을 전달하는 것으로 생각한다. 교수자는 모든 것을 다 알고 있고, 학습자들의 머리는 아무것도 들어있지 않은 빈 유리컵으로 생각하여 교수자가 빈 유리컵에 지식 또는 기술이라는 물을 가득 채워주는 것으로 생각하는 경향이 있다. 교수자는 가르치고 그 결과를 평가한다. 평가는 교수자가 출제한 지필중심의 문제를 통해서 이루어진다. 가르치고 평가하는 일련의 일들이 교수자주도로 이루어져야 한다고 생각한다. 이리하여 학생의 관점이 배제된 일방적인 강의가 이루어지는 것이다.

이러한 교육을 브라질의 유명한 교육학자인 프레이리(Freire, 1970)는 은행저금식교육(banking education)이라 하였다. 이것은 빈 그릇에 물을 붓듯이, 학생들의 빈 머릿속에 지식을 붓는 방식으로 이해된다. 그에 의하면, 이러한 형태의 교육은 학생들의 자유와 자율성을 손상시킨다. 아울러 학생들이 실제적인 앎의 행위에 참여하지 않고, 사회적 실제에 대한 교수자의 관점을 제공받음으로써 소외의식을 갖게 된다는 것이다.

둘째, 교수자 혼자서 독점해야 한다고 생각한다.

강의의 주인공은 바로 교수자 자신이고, 학생은 주인공이 펼쳐가는 연극을 관람하는 관객으로 인식한다. 교수자는 자기가 준비한 대사를 잊지 않고 잘 전달하고, 관객인 학생들은 주인공인 교수자가 전달하는 대사를 한마디도 빼놓지 않고 경청해야 한다고 믿는 것이다. 내용이 재미없거나 자기 자신에게 의미가 없어도 주의를 집중하여 들어줘야 한다고 착각한다.

셋째, 교수자는 공백을 두려워한다.

강의를 하다가 할 말이 생각나지 않으면 당황하게 된다. 준비해온 자료를 부랴부랴 찾지만 눈에 잘 들어오지 않는다. 얼굴이 빨개지고 온몸에 진땀이 흐른다. 이러한 일은 수업 중에는 공백이 생겨서는 안 된다는 생각 때문에 발생한다. 사람은 누구나 말이 막힐 때가 있다. 그럴 때일수록 여유를 갖고 할 말을 생각해야 한다. 공백을 두려워하지 말고 마음의 여유를 가져야 한다.

넷째, 준비한 대로 정확하게 발표하려 한다.

강의란 상황에 따라 다양한 방법을 활용할 수 있는 역동적인 과정이다. 준비한 것에 너무 집착하거나 의존하게 되면 중요한 부분을 놓칠 수 있다. 어떤 교수자는 준비한 대로 빠짐없이 발표해야 한다고 생각한 나머지 교안을 읽기도 한다. 그럴 경우, 듣는 사람은 엄청난 인내심을 시험받게 된다.

다섯째, 청산유수로 말해야 한다고 생각한다.

말을 잘하는 것과 많이 알고 있는 것은 다르다. 어떤 교수자는 한마디 막힘없이 청산유수로 말을 하지만 정작 듣고 난 후 머리에 남는 것이 없는 얄팍한 강의를 한다. 임기응변도 뛰어나서 누군가가 질문을 하게 되면 내용의 진위보다는 얼렁뚱땅 답변을 하여 넘어가기도 한다. 달변에 임기응변까지 겸비하여 얼핏보기에 강의를 잘하는 것처럼 보이지만 조금만 파고 들어가면 지식에 바닥이 드러난다.

강의는 화려하게 개인기를 펼치는 쇼가 아니다. 따라서 학습자들을 지루하게 하거나 답답하게 만들지 않는다면 가끔 말이 막히거나 실수를 하는 것은 별 문제가 되지 않는다.

강의에 대한 오해로 인하여 교수자는 학생들을 소위 꿔다놓은 보릿자루로 만든다. 꿔다놓은 보릿자루는 꿀먹은 벙어리처럼 아무 말도 하지 않고 남이 이야기하는 것을 듣기만 하는 사람을 일컫는 말이다. 이 말의 유래는 세월을 거슬러 올라간다.

연산군은 백성을 다스리는데는 소홀하면서 음주가무를 일삼던 임금이었다. 임금이 나라를 돌보지 않으니 나라가 어지러울 수밖에 없었다.

연산군의 그런 행동을 못마땅히 여긴 몇몇 신하들이 비밀리에 일을 꾸미기 시작했다. 연산군을 몰아내고 나라를 바로 세우기 위해서였다.

어느 날 밤 그들은 박원종의 집에 모여 전략을 세우기로 하였다. 뜻을 같이 한 사람들이 다 모이자 성희안이 이야기를 시작하였다.

"자, 각자 어떤 일을 맡았으며, 준비에 차질이 없는지 돌아가면서 말해 보시오."

그런데 이상한 일이었다. 모두 다 돌아가면서 이야기를 하는데 오직 구석에 앉은 한 사람만 입을 다물고 있었다. 달빛도 없는데다 비밀이 새나가지 않도록 촛불도 켜지 않은 터라 그가 누군지 도무지 알 수가 없었다.

성희안이 모인 사람들을 세어보았으나, 모이기로 했던 사람들보다 한 명이 더 많았다.

"박대감, 염탐꾼이 들어와 있소."

박원종도 놀라 주위를 둘러보았다. 그러나 아무리 살펴도 염탐꾼은 보이지 않았다.

"성대감, 대체 누굴 보고 그러시오?"

성희안은 말없이 한 사람을 손가락으로 가리켰다. 성희안이 가리키는 것을 바라보던 박원종은 껄껄 웃으며 말하는 것이었다.

"성대감, 그건 사람이 아니라 내가 내일 거사를 위해 꿔다놓은 보릿자루요."

정말 자세히 보니 보릿자루였다. 그런데 누군가 거기에 갓과 도포를 벗어놓아 영락없이 사람으로 보였던 것이었다.

그 후로 어떤 자리에서 있는 둥 없는 둥 말없이 그저 듣고만 있는 사람을 가리켜 꿔다놓은 보릿자루라 하였다.

강의는 만들어가는 과정이다

강의는 교수자가 혼자서 독점하는 것이 아니라 교수자와 학습자가 함께 만들어가는 것이다. 주방장이 만들어준 음식을 그대로 먹는 것이 아니라, 입맛을 고려하여 재료를 준비하고 그것을 사용하여 교수자와 학습자가 함께 조리해 나가는 과정이다.

중국 송나라 때 선종 후학들을 위한 지침서인 『벽암록(碧巖錄)』에 '줄탁동시(啐啄同時)' 란 말이 나온다.

날이차면 알을 깨고 병아리가 나오는 것처럼 보이지만, 그 과정에는 생명체를 만들어내기 위한 정중동(靜中動)의 노력이 있다. 닭이 알을 품었다가 달이 차면 병아리가 알 속에서 껍질을 깨려고 여린 부리로 힘을 다해 쪼아댄다. 병아리가 안에서 껍질을 쪼아대고(啐), 어미 닭이 이 소리를 듣고 밖에서 부리로 알껍질을 쪼아주어(啄) 병아리의 부화를 돕는다. 안팎에서 쪼는 행위가 동시(同時)에 일어나야만 비로소 병아리로 부화하게 된다. 어미닭은 병아리가 세상에 나오기 위해 어느 부위를 쪼으는가에 귀 기울여야 한다. 엉뚱한 부위를 쪼으면서 병아리가 부화하지 않는다고 푸념하는 것은 어미닭의 오류다.

선가(禪家)에서는 스승이 제자를 지도하여 깨달음으로 인도하는 것을 줄탁동시라 한다. 이는 교수자와 학습자의 상호작용의 결과로 교육이 이루어진다는 것을 의미한다. 강의는 교수자와 학습자가 함께 힘을 합쳐서 만들어가는 과정인 것이다. 줄탁동시는 교수자와 학습자의 합력(合力)을 강조하는 말이다. 아울러 교수자가 학습자의 학습요구(need)에 귀 기울이는 혜안을 강조한다. 학습자의 요구를 외면하면서 학습자들의 학습효과를 기대해서는 안된다.

강의는 교수자 중심의 일방통행식이 아니라, 학습자 중심의 문제제기식 교육(problem-posing education)이어야 한다. 문제제기식 교육은 주어진 지식을 반복적으로 암기하는 것이 아니라, 새로운 지식을 창조하고 구축해나가는 과정을 강조한다. 교수자는 제기된 문제를 학생들이 해결해 나갈 수 있도록 도와주어야 한다.

문제제기식 교육의 목표 내지 결과는 이론중심의 '죽은 지식' 이 아닌 실생활에 직접 활용될 수 있는 '산지식' 을 창조하는 것이다.

산지식이란 생활지식을 말한다. 이러한 지식은 이론이 아니라 경험을 통해서 축적된다.

중국에서 문화혁명이 일어났을 때 말을 잘 그리는 화가가 있었다. 혁명으로 인하여 그림을 그릴 수 없어서 이리저리 떠돌다가 마구간을 치우는 일을 하게 되었다. 그러는 사이에 어언 7년이란 세월이 흘러 10년간에 걸친 문화혁명이 끝이 났다. 화가는 다시 그림을 그리게 되었는데 그가 그린 말의 모습이 예전에 볼 수 없었던 생동감이 넘쳤다.

그 이유가 무엇일까?

마구간 일을 하면서 말들과 가까이 지내는 시간이 많았으므로 말들의 생리를 피부로 느낄 수 있었다. 이전에는 이론적으로 알고 말을 그렸지만, 이제는 몸소 체험한 후 말을 그리니 더욱 뛰어난 그림이 나올 수밖에 없었던 것이다(차동엽, 2012: 297-298).

교수자의 가르침을 수동적으로 받는 것보다 학습자 스스로 문제를 제기하고, 그것을 해결하는 과정에서 몸에 축적되는 것이 바로 산지식인 것이다. 그러는 과정에서 화가는 생동감 있는 말을 그릴 수 있는 안목이 생기게 된 것이다.

8. 수업지도안 작성하기

구체적인 형태로 목표를 세우고 기한을 정하라.
– 맨터니 로빈스 –

나는 한 번 간 길을 잘 찾지 못하는 소위 '길치'다. 밤에 지하도를 통과하여 이리저리 다니느라 방향감각을 잃었을 땐 정말이지 어디가 어딘지 알 수 없어서 사람들에게 몇 번이고 묻곤한다. 요즘은 차량에 네비게이션을 장착하여 목적지를 입력해 놓으면 신경을 쓰지 않고서도 목적지까지 시행착오 없이 갈 수 있는 시대가 되었다. 나 같은 '길치들'을 위한 시대의 배려다.

교수자에게 있어서 수업지도안은 길을 안내하는 네비게이션과 같다. 이것이 있으면 아무리 복잡한 길이라도 헛갈리지 않고 목적지까지 시간 내에 도착할 수 있다. 수업지도안은 교수자가 가려고 하는 목표에 탈 없이 도달하도록 한다. 수업지도안은 어떻게 작성해야 할까?

목표가 분명해야 일이 달성된다

한 추장이 나이가 들었다. 그에게는 세 명의 아들이 있었는데, 그 중 한 명에게 추장직을 물려주기로 하였다. 추장은 세 아들을 데리고 사냥을 나섰다. 그런데 추장 일행의 눈앞에 거대한 나무 한 그루가 나타났다. 그 나뭇가지에는 커다란 독수리 한 마리가 앉아있었다. 추장은 세 아들에게 각각 물었다. "저 앞에 무엇이 보이느냐?" 장남이 먼저 대답했다.

"파란 하늘과 나무가 보입니다." 이번에는 차남이 대답했다.

"거대한 나무와 나뭇가지에 앉은 독수리가 보입니다." 추장은 매우 실망스런 표정을 지었다. "너는 뭐가 보이느냐?"

그러자 막내가 대답했다. "독수리의 두 날개와 그 사이의 가슴이 보입니다."

"그러면 그곳을 향해 화살을 쏘아라."

막내의 화살은 독수리의 가슴에 명중했고, 추장직은 막내에게 돌아갔다. 막내는 목적과 목표를 정확하게 보았다. 추장이 산에 나온 목적은 사냥이었다. 사냥감을 발견한 후에는 독수리의 가슴을 목표로 삼았고, 그 다음에는 화살을 쏘았다.

어떤 일을 함에 있어서 목표를 명확히 설정하는 일이 중요하다. 목표만 잘 세워도 절반은 성공한 셈이다.

1984년 동경에서 개최된 국제 마라톤대회에서 무명의 일본 선수인 야마다 모토이치가 사람들의 예상을 뒤엎고 우승을 차지했다. 그는 2년 후인 이탈리아의 밀라노에서 열린 국제 마라톤대회에서도 우승을 하였다. 10년 후 야마다는 자신의 자서전에서 우승의 비결을 이렇게 밝혔다.

"나는 매번 경기가 열리기 전에 차를 타고 마라톤 코스를 한 바퀴 돌며 자세히 살펴보았다. 그리고 길가에 비교적 눈에 띄는 표지를 머릿속에 그렸다. 예를 들면, 첫 번째 표지는 은행, 두 번째 표지는 큰 나무, 세 번째 표지는 빨간 집……, 이런 식으로 결승점까지 그려나갔다.

경기가 시작되면 나는 100미터 달리기를 하는 속도로 첫 번째 목표지점을 향해 달렸고, 첫 번째 지점에 이르면 다시 같은 속도로 두 번째 목표를 향해 달렸다. 40여 킬로미터의 마라톤 코스를 몇 개의 작은 목표들로 나눔으로써 가볍게 완주할 수 있었던 것이다.

이런 방법을 몰랐던 초창기에는 무조건 40여 킬로미터 떨어진 결승점 깃발을 목표로 뛰었다. 그 결과 10여 킬로미터만 넘어서면 이미 지쳐서 제대로 뛰지 못했다. 아직 남아있는 멀고도 먼 거리가 나를 질리게 만들었기 때문이다."(우원, 2006: 205-207)

장거리를 뛰어야 하는 마라톤에서 야마다 선수가 우승을 할 수 있었던 것은 목표를 미리 정하고 뛰었기 때문이다. 야마다 자신이 밝혔듯이, 장기적인 목표만 정하고 뛰었다면 아마도 우승은 불가능했을 것이다. 단기적이고 단계적인 목표를 세운 것이 승리할 수 있었던 비결이었다.

목표를 분명히 설정하고 거기를 향해 나아간다면 성공할 수 있다. 목표가 없으면 그날그날 적당히 살아가는 하루살이의 삶이 된다. 목표를 정하라. 그것만으로도 절반의 승리가 보인다.

하바드대학 연구팀은 IQ와 학력, 자라온 환경 등이 서로 비슷한 사람들을 대상으로 실험을 한 결과, 27%의 사람은 목표가 없고, 60%는 목표가 불분명하며, 10%는 목표가 있지만 비교적 단기적이었고, 3%만이 장기적이고 명확한 목표를 갖고 있었다. 이들을 25년간 지속적으로 연구한 결과, 명확하고 장기적인 목표가 있던 3%의 사람들은 사회 각계에서 영향력을 행사하는 위치에 있었다. 단기적인 목표를 갖고 있었던 10%의 사람들은 대부분 사회의 중상위층에 머물러 있었다. 그들은 단기적인 목표를 여러 차례 나누어 달성함으로써 안정된 생활기반을 구축하였고, 의사 · 변호사 · 건축가 · 기업가 등 사회 전반에 없어서는 안될 전문가로 활동하고 있었다. 목표가 불분명했던 60%의 사람들은 대부분 사회의 중하위층에 머물러 있었다. 하지만 목표가 없던 27%의 사람들은 모두 최하위 수준의 생활을 하고 있었다(차동엽, 2008: 111-112).

왜 수업지도안인가?

수업에 있어서도 목표가 중요하다. 수업지도안(lesson plan)은 교수자가 수업을 어떻게 전개할 것인지에 대한 단거리 목표점이다. 수업지도안을 작성하는 이유는 무엇일까?

첫째, 수업목표를 인식할 수 있다.

수업을 함에 있어서는 시간마다 도달해야 하는 목표가 있다. 수업지도안을 작성함으로써 수업을 통하여 도달해야 할 목표를 인식하고, 그것을 명중시키기 위해 노력해야 한다.

배고픈 당나귀가 있다. 그리고 당나귀로부터 3미터 떨어진 곳에는 물이 가득 찬 물통과 여물이 수북이 쌓여있는 여물통이 있다. 당나귀는 물통과 여물통을 번갈아 바라보기만 한 채 슬픈 눈으로 그저 서 있기만 할 뿐이었다. 당나귀에게는 둘 다 필요했지만, 우선순위를 정하지 못했기 때문이었다. 당나귀는 이러지도 저러지도 못하고 우왕좌왕하다가 물도 못마시고, 여물도 먹지 못한 채 굶어죽고 말았다. 목표 우선순위를 정하여 차근히 먹었더라면 굶어죽지 않았을 것이다.

교수자도 마찬가지다. 무엇부터 가르쳐야 할지를 몰라서 허둥지둥하다가는 낭패 보기 쉽다. 김상진이란 가수가 부른 '이정표 없는 거리'란 유행가 가사처럼, "이리 갈까 저리 갈까 차라리 돌아 갈까" 하며 수업의 방향을 잃어서는 안된다. 그래서 수업지도안이 필요한 것이다.

둘째, 경제적인 수업을 할 수 있다.

어떤 일을 하든지 간에 시간을 많이 들인다고 해서 좋은 성과를 거두는 것은 아니다. 시간을 많이 들이는 것보다 주어진 시간을 얼마나 효율적으로 활용하는가가 더 중요하다.

미국의 정치가이자 사상가인 벤자민 프랭클린(Benjamin Franklin)이 한때 서점에서 일한 적이 있었다. 어느 날 한 손님이 책 한 권을 들고 얼마냐고 물었고, 프랭클린은 1달러라고 답했다. 그러자 손님이 책값을 깎으려고 흥정을 하느라 2~3분이 경과되었다. 그러자 프랭클린은 1달러 15전을 내라고 했다. 손님은 싸게 해 달라고 하는데 15전을 더 내라고 하자 기분이 상해 말했다.

"어떻게 싸게 해 달라고 하는데 더 비싸게 부릅니까?"

프랭클린은 이렇게 말했다.

"시간은 돈보다 귀한 것인데 쓸데없는 흥정을 하느라 시간을 소비했기 때문에 시간 값으로 15전을 더 붙인 것입니다."

우리는 시간은 돈이라는 말을 자주 듣는다. 그러나 시간은 돈보다 더 귀중한 생명이다. 시간을 낭비하는 것은 생명을 버리는 것과 같다. 교수자가 수업시간을 아무렇게나 낭비하는 것은 수업을 망치는 것이다. 시간을 낭비하지 않기 위해서는 사전에 철저히 수업계획을 세우고 실천해야 한다. 수업지도안을 작성하여 주어진 시간을 효율적으로 활용하여 시간의 누수가 없다면 기대하는 성과를 거둘 수 있을 것이다.

셋째, 질서있는 수업을 할 수 있다.

경력을 무기로 생각하고 아무런 준비 없이 수업에 임하는 교수자들이 있다. 그들은 진도를 나가는 대신 개인의 사적인 이야기로 수업시간의 대부분을 허비한다. 이러한 상황에서 학생들은 수업에 집중하지 못하고 졸거나 딴짓을 하게 된다. 가야 할 목표가 없기 때문에 적당히 수업을 때우려한다. 수업지도안이 없이 수업을 하는 것은 목표가 없이 어디론가 떠나는 방랑객과 같다. 길을 잃어 헤매면서 여기저기 기웃거리는 방향감각 없는 방랑객 말이다.

넷째, 자신있는 수업을 할 수 있다.

수업지도안은 수업에 자신감과 활력을 준다. 자신감은 철저한 준비에서 나온다. 이와 관련하여 창의적 교수법의 대가인 밥 파이크(2004: 40)는 "적절한 준비와 연습은 빈약한 성과를 방지한다(Proper preparation and practice prevent poor performance)."는 점을 들어 사전준비의 필요성을 강조한다. 뒤집어 말하면, 철저한 준비와 연습이 없으면 좋은 성과를 올리기 어렵다는 것이다. 수업지도안은 사전에 교수자가 학습자들이 무엇을 하도록 할 것인지를 생각하면서 작성한 수업의 길라잡이다.

사전준비가 철저하면 자신감이 생긴다. 반대로 준비가 부실하면 횡설수설, 중언부언(重言復言)한다.

수업지도안에는 어떤 내용이 포함되어야 하는가?

수업지도안에는 수업을 통하여 도달해야 할 수업목표가 포함되어야 한다. 수업목표는 당해 수업이 도달해야 하는 구체적인 표적이다. 이러한 목표를 진술함에 있어서는 몇 가지 기본원칙을 따라야 한다.

① 교수자의 행동이 아니라, 학습자의 행동으로 진술한다.

② 수업이 끝났을 때 학습자에게 기대되는 행동결과를 진술한다.

③ 내용영역과 행동영역이 포함되도록 진술한다.

④ 구체적이고 명료한 행동용어로 진술한다.

⑤ 하나의 수업목표에는 하나의 개념만 들어가는 단일문장으로 진술한다.

⑥ 실현 가능해야 한다.

퀴 즈

To부정사의 용법에 관한 영어 수업을 하기 위해 수업목표를 진술한다면 다음 중 어느 것이 바르게 진술된 것인가?

㉮ To부정사의 용법

㉯ 안다.

㉰ 학생들로 하여금 To부정사의 용법을 이해시킨다.

㉱ To부정사의 용법 이해

㉲ 영어의 구문을 이해한다.

㉳ To부정사의 명사적 용법을 이해하고, 그 용법에 따라 영작을 할 수 있다.

㉴ To부정사의 용법을 안다.

해 설

㉮는 내용영역만 있고 행동영역이 포함되지 않았으므로 기본원칙 ③에 어긋난다.

㉯는 행동영역만 있고 내용영역이 포함되지 않았으므로 기본원칙 ③에 어긋난다.

㉰는 학습자가 아니라 교수자의 입장에서 진술하였으므로 기본원칙 ①에 어긋난다.

㉱는 행동용어로 진술하지 않았으므로 기본원칙 ④에 어긋난다.

㉲는 실현 가능성에 문제가 있으므로 기본원칙 ⑥에 이긋난다.

㉳는 하나의 수업목표에는 하나의 개념만 들어가는 단일문장으로 진술되어야 한다는 기본원칙 ⑤에 어긋난다.

따라서 ㉴가 수업목표를 바르게 진술한 것이 된다. 즉 'To부정사의 용법을 안다.'는 수업내용이 'To부정사의 용법'이고 '안다'가 행동용어다. 교수자가 아니라 학습자가 수업이 끝난 후에 To부정사의 용법을 안다는 것이다. 단일문장으로 진술되었고, 실현 가능한 수업목표이다.

모든 일에는 거쳐야 하는 절차와 단계가 있다. 논문에는 서론 · 본론 · 결론이 있어서 이 단계에 따라 연구자가 제시하고자 하는 결론을 이끌어 간다. 이 3가지 단계에서 제시해야 할 내용이 있는데, 그것을 무시하거나 생략한다면 좋은 논문이라 할 수 없다. 아울러 각 단계 간 유기적인 관련성을 가지고 전개되지 않는다면 그 논문은 생명력을 상실하게 된다.

수업에도 도입 · 전개 · 정리라는 단계가 있다. 수업을 3단계에 따라 진행하면 체계적인 수업이 된다.

도입은 논문의 서론과 같아서 수업을 위해 '워밍업' 하는 단계이다. 마치 운동을 할 때 준비체조를 하는 것처럼 '몸을 푸는' 단계이다. 교수자에 따라 약간의 차이는 있지만, 일반적으로 인사 및 소개, 출석호명, 수업목표 제시 등 본격적인 수업을 하기 전에 수업분위기를 정돈하는 시간이다. 이 단계는 대략 주어진 시간의 5~10%를 할애한다. 만일 50분간의 수업이 진행된다면 2~5분가량 배분한다.

진개는 본격적인 수업내용을 제시하는 단계이다. 이는 논문의 본론에 해당한다. 교수자가 준비한 내용을 계열성 · 체계성 · 일관성의 원칙에 의해 기술한다. 수업시간의 대부분이 전개단계에 속하는데, 주어진 시간의 80~90%가량 배분된다. 만일 수업시간이 50분간이라고 한다면 40~45분이 전개단계에서 이루어진다. 수업내용의 제시뿐만 아니라, 학습자의 학습동기 및 주의집중 유지, 질문하기, 유머 활용 등 다양한 수업기술이 요구된다.

정리 또는 종결단계는 논문의 결론부에 해당된다. "퇴장하는 배우의 뒷모습을 보면 그 배우의 실력을 안다."는 말이 있듯이, 수업의 마무리를 어떻게 하는가를 보면 교수자의 실력을 알 수 있다. 그 시간에 다룬 내용의 요약, 질문하기, 과제 제시, 다음 시간에 다룰 내용의 제시 등으로 마무리해야 한다. 정리단계는 주어진 시간의 5~10% 배분하는 하는 것이 일반적이다. 주어진 시간을 초과하는 것은 학습자들을 지루하게 하고, 그 다음 수업시간을 방해하기 때문에 삼가야 한다. 정시에 시작하고 정시에 끝나는 것이 바람직하다.

수업의 내용은 수업지도안의 핵심이다. 수업지도안에는 수업의 단계에 따라 다룰 내용을 제시해야 한다. 즉 도입 · 전개 · 정리단계에서 해야 할 일들을 기술한다. 수업의 내용은 구체적으로 제시하는 것이 좋다. 수업내용을 제시할 때는 교수자와 학습자의 행동을 구분하여 구체적으로 기술한다. 예컨대, 교수자가 '이런' 행동을 할 때 학습자는 '저런' 행동을 한다는 식으로 말이다.

수업을 위해 필요한 수업자료(예컨대, 교재 · 참고도서 · 파워포인트 등)와 과학기술 자료(컴퓨터 · 프린터 · 스캐너 · 디지털 카메라 등), 수업단계별 수업기법, 예컨대, 강의 · 토론 · 협동학습 등을 비롯하여 수업에 필요한 모든 자료를 제시한다.

표 3 수업지도안의 기본 양식(예시)

<table>
<tr><th>일 시</th><th colspan="2">대 상</th><th>장 소</th><th>교수자</th></tr>
<tr><td></td><td colspan="2"></td><td></td><td></td></tr>
<tr><th>수업목표</th><td colspan="4"></td></tr>
<tr><td colspan="5">수업단계별 활동</td></tr>
<tr><th rowspan="2">단 계</th><th rowspan="2">시 간
(분)</th><th colspan="2">수 업 활 동</th><th rowspan="2">수업기법 및 자료</th></tr>
<tr><th>교수자</th><th>학습자</th></tr>
<tr><th>도 입</th><td></td><td></td><td></td><td></td></tr>
<tr><th>전 개</th><td></td><td></td><td></td><td></td></tr>
<tr><th>정 리</th><td></td><td></td><td></td><td></td></tr>
</table>

9. 비주얼자료 준비하기

그림 한 장은 1천 개의 단어와 같은 가치가 있다.
– 중국 속담 –

요즘은 비주얼자료를 활용하지 않고 수업을 하는 교수자를 찾아보기 어렵다. 제품을 소개하는 회사의 프리젠테이션에는 필수적으로 비주얼자료가 등장한다. "한 장의 그림이 1천 개의 단어와 같은 가치가 있다."는 중국속담처럼, 수업에 있어서 비주얼자료의 유용성은 생각보다 크다.

그중에서도 파워포인트가 가장 일반적으로 사용된다. 하지만 파워포인트를 잘못 제작하면 오히려 역효과를 가져올 수 있다. 깨알 같은 한글자료를 그대로 복사하거나, 복잡한 표나 그림을 어지럽게 배열하여 제작한 파워포인트 슬라이드는 학습자들의 주의집중에 오히려 방해가 된다. 파워포인트를 어떻게 제작해야 할 것인가?

어째서 비주얼자료가 필요한가?

'백문불여일견(百聞不如一見)'이란 말이 있다. 영어로는 'A picture is worth a thousand words.' 직역하면, 그림 한 장이 1천개의 단어와 같은 가치가 있다는 뜻이다. 이 말은 한서(漢書)의 조충국전(趙充國傳)에 나오는 이야기에서 유래되었다.

전한(前漢)의 황제인 선제 때 서북 변방에 사는 강족(羌族)이 반란을 일으켰다. 전한의 군대가 반란을 진압하고자 하였으나 오히려 대패하였다. 고민 끝에 선제는 지금의 검찰총장격인 어사대부 병길(丙吉)에게 토벌군의 적임자를 누구로 했으면 좋겠는지를 조충국에게 물어보라고 명령하였다.

조충국은 76세의 백전노장이었지만 아직도 실전을 치룰 수 있을 정도로 원기가 왕성하였다. 병길이 조충국을 찾아가 왕의 뜻에 따라 토벌군의 적임자가 누구인지를 물으니 선뜻 자신이 적임자라고 대답하였다. 선제는 조충국의 능력을 이미 알고 있었기에 그를 불러들여 강족의 토벌방법에 대해 물어 보았다.

그러자 조충국은 "백 번 듣는 것이 한 번 보는 것보다 못합니다(百聞不如一見). 무릇 군사란 작전 지역에서 멀리 떨어진 곳에서는 전술을 헤아리가 어려운 법이므로 바라건대 신을 금성군으로 보내 주시면 현지를 살펴본 다음 방책을 아뢰겠습니다."라고 하였다. 조충국은 선제의 허락을 받고 적의 기세와 동태를 파악해

기병보다 둔전병으로 상대하는 것이 낫다는 의견을 냈고, 결국 그 방법으로 강족의 반란이 진압되었다.

이처럼 '백문불여일견'은 백 번 듣는 것이 한 번 보는 것만 못하다는 뜻으로 오늘날 널리 사용되고 있다.

수업에 비주얼자료를 활용하는 것은 바로 교수자의 수업을 백 번 듣는 것보다 한 번 보는 것이 학습효과가 있다는 생각에서다.

우리는 오감을 통해 학습한다. 즉 시각 · 청각 · 촉각 · 후각 · 미각을 통해 학습한다. 그중 75%는 시각을 통해 이루어진다. 그 나머지는 청각 13%, 촉각 6%, 후각 3%, 미각 3%를 통해 학습한다(밥 파이크, 2004: 94). 눈을 통해 자료를 보고 그것을 이해함으로써 학습이 이루어진다고 할 수 있다. 눈을 통해 어떤 대상을 본 인상은 오래 남는다. 눈에서 뇌에 이르는 신경은 귀에서 뇌로 가는 신경보다 20배나 넓기(데일 카네기, 2007: 128) 때문이다.

위스콘신대학의 연구결과에 따르면, 시각교구를 사용하여 어휘를 학습했을 때 학습효과가 200% 향상되었다. 하버드와 콜롬비아대학에서도 시각교구를 사용하면 14~38%의 기억력 향상이 가능하다는 연구결과가 나왔고, 펜실베니아대학교 와튼스쿨(Pennsylvania Wharton School)과 미네소타대학교에서 연구한 바에 의하면, 시각 교구를 병행한 프리젠테이션은 개념 설명에 소용되는 시간을 40% 단축시킬 수 있다(밥 파이크, 2004: 93).

성인들은 1분에 평균 110~160개의 단어를 이야기하지만, 머릿속으로는 약 400~500개의 단어를 떠올린다. 시각적인 자극은 머릿속에 다른 생각을 못하게 하고 프리젠테이션에 집중하게 한다(밥 파이크, 2004: 95).

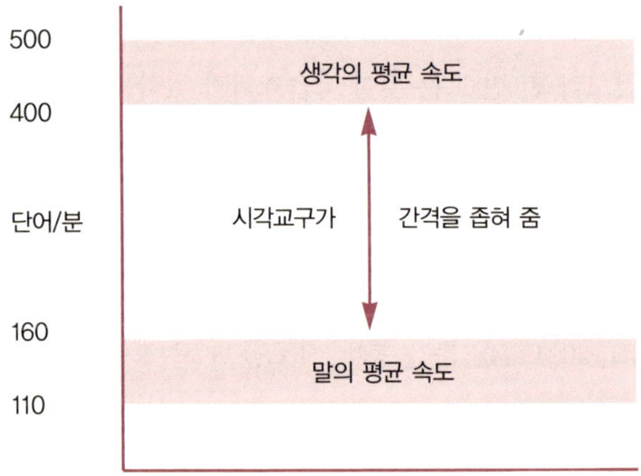

그림 2 시각교구의 효과

파워포인트, 이것만은 알고 제작하자

파워포인트 슬라이드를 제작할 때는 SES 원칙을 고려해야 한다. 즉 슬라이드를 간결하고(Simple) · 쉽고(Easy) · 짧게(Short) 작성해야 한다. 장황하거나 복잡하면 파워포인트 슬라이드로서 생명력을 상실한 것이다.

슬라이드는 쉽고 이해할 수 있도록 개념적 · 시각적으로 단순하게 제작해야 한다. 하나의 슬라이드에 하나의 개념만을 담아야 한다. 하나의 슬라이드에 한 가지 이상의 개념을 포함시키거나 슬라이드가 복잡하면 청중들의 이해력을 떨어뜨리게 된다. 수업에서 파워포인트와 같은 비주얼자료를 사용하는 목적은 학습자들의 이해를 돕기 위함이기 때문에 자료가 복잡하면 그러한 목적을 달성하기 어렵다.

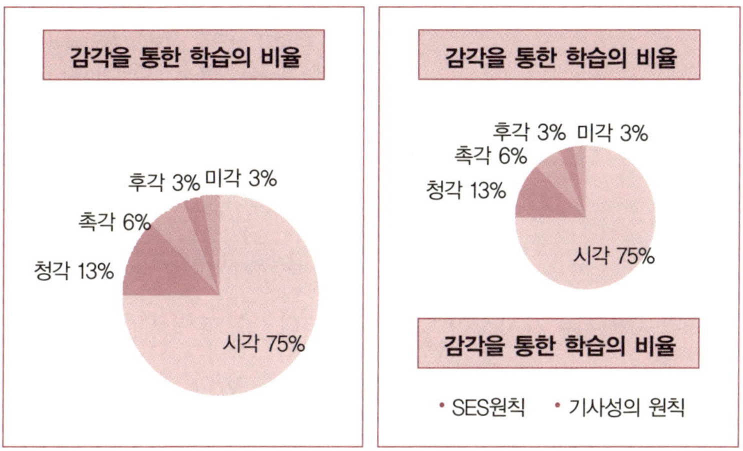

1슬라이드 1개념 (O)　　1슬라이드 2개념 (X)

그림 3 1슬라이드 1개념 원칙

아울러 6×6법칙, 즉 파워포인트 슬라이드는 6줄을 넘지 않아야 하고, 각 줄의 글자 수는 6개 단어를 넘지 않아야 한다. 하지만 이것은 절대적인 것이 아니다. 너무 빽빽한 슬라이드가 되지 않도록 해야 한다는 의미다.

불안할 때 나타나는 현상	불안한 강사에 대한 청중의 태도
• 동공이 커진다. • 심장박동이 빨라진다. • 혈압이 증가한다. • 혈당수치가 증가한다. • 호흡이 빨라진다.	• 눈의 빠른 움직임은 어딘가 찔린 데가 있는 것처럼 보인다. • 무언가 시달리는 것처럼 보인다. • 목소리 음량이 낮아져서 단조롭게 들린다. • 말의 속도가 빨라져서 서두르는 것처럼 들린다. • 단조로운 형식으로 한꺼번에 많은 말을 하려고 하므로 정보가 혼합되어 청중이 내용을 구분하기 어려워진다.
6줄 6단어 이내의 슬라이드 (O)	6줄 6단어 이상의 슬라이드 (X)

그림 4 6×6법칙

파워포인트는 가시성이 양호해야 한다. 즉 파워포인트 슬라이드는 글자가 커서(large) 읽기 쉬워야(legible) 한다. 가시성을 높이기 위해서는 서체, 글자 크기, 정렬에 신경을 써야 하고 일관성이 있어야 한다.

우리말의 경우, 궁서체나 필기체는 피하는 것이 좋고, 돋움체 · 굴림체 · 헤드라인체 등 고딕 계열의 글꼴이 읽기 편하다. 영문의 경우에는 Arial Helvetica Trebuchet 등이 좋다. 알파벳에서 글자 끝에 그은 가는 선이 있는 세리프(Serif)와 가는 선이 없는 산세리프(Sans-Serif)가 있는데, 투시물 시각자료는 산세리프체가 적절하다.

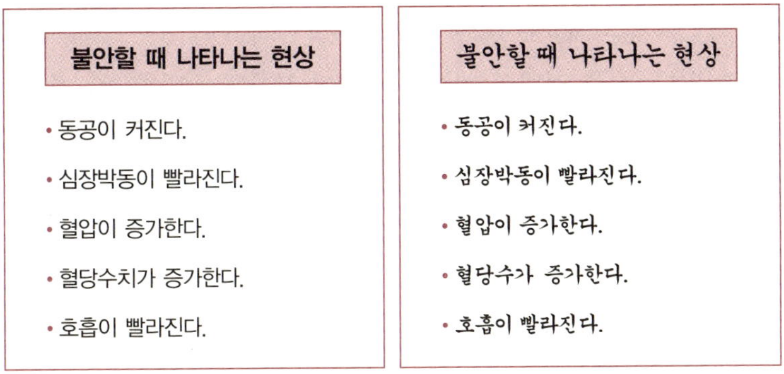

고딕 계열의 서체 (O)　　　궁서체 (X)

그림 5 **한글서체**

글자 크기는 제목은 24~36포인트, 다른 텍스트는 18~24포인트가 적절하다. 14포인트 이하는 먼 거리에서 보이지 않을 수 있기 때문에 거의 사용하지 않는다. 일반적으로 제목은 32, 텍스트는 20포인트를 사용하는 것이 청중들의 입장에서 가시성을 높일 수 있다.

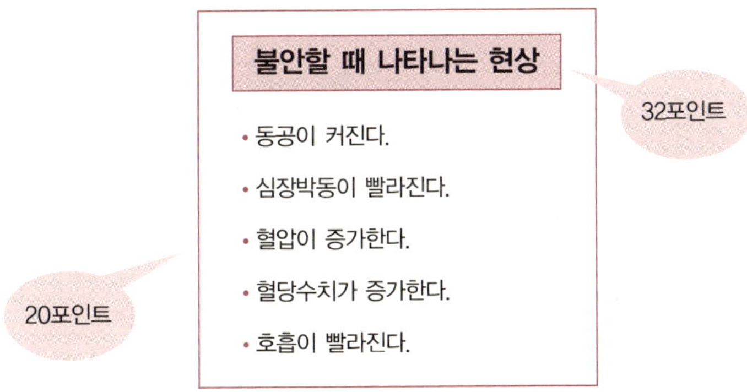

그림 6 **글자크기**

좌측 정렬은 청중들의 시선을 고정해주기 때문에 쉽고 빨리 읽을 수 있다. 우측 정렬은 텍스트의 양이 적거나 특별한 주의를 끌고자 할 때 사용한다. 중간 정렬은 제목에 많이 쓰이지만, 본문의 경우, 시선이 움직이는 방향을 생각할 때 좋은 방법이 아니다. 하지만 텍스트가 2~3줄 이상일 때는 읽기 힘들기 때문에 사용하지 않는 것이 좋다.

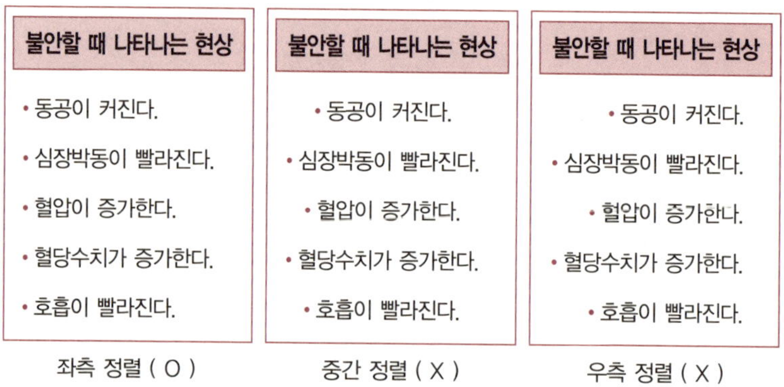

그림 7 **정렬방식**

각 슬라이드의 전체적인 레이아웃을 미리 설정하여 통일성을 주는 것이 좋다. 주 제목이나 부 제목의 위치, 글자체, 글자 크기, 색깔 등이 일관성이 있어야 한다. 만일 제목의 위치, 글자체, 글자 크기 등이 일관성이 없으면 슬라이드를 넘길 때마다 눈을 이동해야 하는 번거로움이 있기 때문에 눈이 쉽게 피로해지고, 궁극적으로는 주의집중이 어려워진다.

공감

교수자와 학습자가 같은 목표를 향해 동행함으로써 상호 간에 공감대가 형성된다. 진정한 수업은 사제동행(師弟同行)에서 출발한다. 교수자와 학습자의 마음이 하나가 될 때 소통이 잘 이루어지고 학습효과도 높아진다.

10. 강의불안 극복하기

두려워하는 사람들은 대담한 사람들만큼 자주 위험에 빠진다.
– 헬렌 켈러 –

내가 처음 대학에서 강의를 하던 날, 강의실 문을 열고 들어가려는 순간 학생들의 시선이 집중되는 것을 감지하고 뒤로 한 발짝 물러섰던 기억이 오랜 세월의 흐름에도 불구하고 아직도 생생하다. 숨을 고르고 간신히 강의실에 들어가서 첫인사를 하고 강의계획을 이야기하려고 했다. 무슨 말을 해야 할지, 어떻게 수업을 진행해야 할지, 모든 것이 막막하기만 했다. 학생들이 눈에 들어오지도 않았다. 한 시간이 하루같이 느껴지고 한 학기가 걱정되었다. 불안감이 밀려왔다. 학생들이 불안해 하는 초보 강사인 나를 노려보는 것 같았다. 그 순간에 가장 적합한 말은 두려움은 대담함과 마찬가지로 위험하다는 헬렌 켈러의 말이 아니었을까? 강의불안, 어떻게 극복해야 할 것인가?

불안감은 일을 그르친다

우리는 살아가면서 이런저런 이유로 불안감을 경험하면서 살아간다. 아마도 한시라도 불안하지 않고 살아가는 사람은 없을 것이다. 그러기에 사람은 '불안의 동물'이라고 해도 과언이 아닐 듯하다. 어느 정도의 불안감은 삶의 활력소가 되지만, 지나친 불안감은 사람을 죽게 한다.

어느 무더운 여름날, 한 청년이 찌는듯한 무더위에 숨을 헐떡이고 있었다. 그때 문득 그의 눈앞에 커다란 냉동실이 보였다.

"저 냉동실은 얼마나 시원할까?"

청년은 냉동실 문을 열고 안으로 들어갔다.

그때 '철컥'하고 냉동실 문이 잠기는 소리가 들렸다. 청년은 안에서 냉동실 문을 열어보았으나 열리지 않았다.

깜짝 놀란 청년은 문을 두드리며 살려달라고 소리쳤지만 아무도 찾아오는 이가 없었다.

절망감에 사로잡힌 그는 유서를 썼다.

"이제 완전히 절망이다. 죽음의 그림자가 나를 죄어온다. 내 몸은 점점 얼음으로 변하고 있다. 조금 후면 꽁꽁 얼어 죽을 것이다."

이틀 후에 사람들은 냉동실에서 숨진 청년의 시체를 발견했다. 그런데 놀랍게도 그 냉동실은 가동되지 않은 상태였다. 실내 온도는 사람에게 가장 적합한 섭씨 15도였으며 산소도 충분했다. 그럼에도 불구하고 청년은 몸을 잔뜩 움츠린 채 죽어있었다(이범기, 2009: 92-93). 그가 죽은 것은 추워서가 아니라 공포 때문이었던 것이다.

스페인의 국왕인 페르디난도 5세가 어떤 점쟁이에게 이런 말을 들었다.

"왕께서는 '마드리갈'이라고 하는 곳에 가지 마십시오. 왕은 장차 거기에서 죽을 것입니다."

그런데 그곳에 왕의 별궁이 있었다. 그런데도 왕은 무서워서 좋은 궁전을 지어놓고도 21년간 거기를 가지 못했다. 한번은 여행하다가 어떤 조그만 촌락에서 하룻밤 자면서 그만 병이 났다. 왕은 이곳이 어딘지를 물어보았다. 옆에 있던 사람이 '마드갈레'라고 대답했다. '마드리갈'과 발음이 비슷했다. 그러나 그 말을 들은 왕은 "아이고 나는 죽겠구나." 하더니 며칠 되지 않아서 죽었다고 한다. 왕이 죽은 것은 병이 아니라 공포심 때문이다.

불안에 관해 연구한 미국 대학의 심리학팀의 연구결과에 의하면, 사람들의 걱정거리 중 40%가 실제로 일어나지 않는 것들이었다. 공연한 걱정을 그만큼 많이 한다는 것이다. 걱정거리의 30%는 과거에 있었던 일에 대한 것이고, 10%는 병에 관한 것이라고 한다. 그중엔 실제 걸리지 않을 병에 관한 것도 많고, 실제로 걱정할 만한 것은 8%밖에 되지 않는다는 것이다. 우리는 쓸데없는 걱정을 하면서 괴로워한다.

알지 못하면 두려움이 생긴다.

사형을 선고할 때 죄수에게 두 가지 중 하나를 선택하게 하는 장군이 있었다. 하나는 총살, 다른 하나는 무엇이 있는지 전혀 알 수 없는 동굴에 들어가도록 하는 것이었다. 그런데 죄수들은 하나같이 총살을 택했다.

어느 날 전쟁의 승리로 기분 좋게 술을 마신 장군에게 부하가 물었다.

"장군님, 대체 그 동굴 끝에는 무엇이 있습니까?"

"아무것도 없다. 동굴만 통과하면 곧 자유를 얻게 되지. 그런데도 아무도 동굴을 택하지 않더군. 자신이 모르는 길에 대한 두려움 때문이지." (우원, 2006: 158)

강의불안

연기자가 연기하는 모습을 보며 우리는 연기자는 두려움이 없을 것으로 착각한다. 영국의 명배우 로렌스 올리비에, 클래식 피아니스트 글렌 굴드와 스비아토슬라프 리히터, 대중가수 바브라 스트라이샌드와 칼리 시몬은 모두 무대공포증으로 고생했다고 고백했다(제리 와이즈먼, 2010: 29).

아무리 강심장인 교수자라고 하더라도 수업을 하기 위해 교실에 들어서면 정도의 차이는 있겠지만, 두려움을 느끼게 된다. 불안감은 인간의 본능이기 때문이다.

사자도 연설을 두려워 한다는 말이 있다.

로마 시대 동물과 대화를 할 수 있다고 해서 사형선고를 받은 청년이 있었다. 사형집행은 수많은 군중이 모인 원형경기장에 사형수를 들여보내고 배고픈 사자를 풀어놓아 잡아먹도록 하는 방식이었다. 배고픈 사자가 먹잇감을 보고 입맛을 다시며 사형수에게 달려드는 순간 사형수는 침착하게 사자에게 달려가 무엇인가 귓속말을 하였다. 그러자 사자는 꼬리를 내리고 슬금슬금 달아나는 것이 아닌가.

이 광경을 지켜보던 군중들이 술렁이기 시작했다. 이상하게 생각한 황제가 사형수를 불러 자초지종을 물으니 사형수는 이렇게 말하는 것이었다.

"저는 녀석에게 나를 잡아먹어도 상관없다고 했습니다. 그러나 여기서는 식사를 한 뒤에 반드시 연설을 해야한다고 했습니다."(로먼 브라운, 2009: 231)

사나운 사자를 꼼짝 못하게 했던 것은 다름 아닌 대중연설이었다. 맹수도 군중 앞에 서서 연설하는 것이 두려웠던가 보다.

여러 사람들 앞에서 시선을 받으면 두려운 이유는 무엇일까? 아드레날린의 분비가 증가되기 때문이다. 아드레날린은 스트레스를 유발시키는 호르몬이기 때문에 몸에 긴장감을 촉발시킨다. 이때 나타나는 현상은 다음과 같다.

• 시야를 확보하기 위해 동공이 커진다.
• 심장박동이 빨라진다.
• 혈압이 증가한다.
• 혈당수치가 올라간다.
• 호흡속도가 빨라진다.
• 침샘이 닫힌다.

사람은 수많은 청중들 앞에 서서 주목을 받게 되면 도피반응을 보인다. 연단 앞을 왔다갔다한다. 초조하고 불안한 반응을 나타낸다. 팔 상단을 옆구리에 바짝 대기도 한다. 시간이 길게 느껴진다.

교수자의 이런 반응에 대해 학습자들은 어떻게 인식할까?

• 눈의 빠른 움직임은 어니가 씰린 데가 있는 것처럼 보인다.
• 무언가 시달리는 것처럼 보인다.
• 두려움에 떠는 것처럼 보인다.
• 목소리 음량이 낮아져서 작고 단조롭게 들린다.
• 말을 하는 속도가 빨라져서 서두르는 것처럼 들린다.
• 단조로운 형식으로 한꺼번에 많은 말을 하려고 하므로 정보가 혼합되어 청중이 내용을 구분하기 어려워진다.
• '음~', '어~'와 같은 비언어가 반복적으로 나와 연사가 내용을 확신하지 못하는 것처럼 들린다.

이 어찌 심각한 일이 아니겠는가? 이런 교수자의 강의를 들을려고 귀기울이는 학생은 없을 것이다. "들어봐야 별 볼일 없어.",

"시간낭비야." 뭐, 이런 반응이 나올게 뻔하다.

이제 자신의 강의불안 지수를 알아보자. 다음 질문을 읽고 그렇다고 생각하면 '예', 아니라고 생각하면 '아니오'에 O표를 한다.

표 4 강의불안 지수

번호	내 용	예	아니오
1	강의에 대해 생각하는 것만으로도 긴장된다.		
2	강의 전날에는 꼭 잠을 설친다.		
3	강의를 하지 않으려고 궁리한 적이 종종 있다.		
4	강의 시 손에 땀이 나거나, 심장이 두근거리거나, 얼굴이 빨개지는 등의 신체적 반응을 보이기도 한다.		
5	강의 시 호흡이 가빠진다.		
6	온몸이 경직되거나 아무 생각도 나지 않는다.		
7	발음이 제대로 안된다.		
8	말의 속도가 빨라진다.		
9	입이 바싹바싹 마른다.		
10	어지럼증을 느낀다.		
11	자신이 바보가 된 듯한 생각이 든다.		
12	무슨 말을 하고 있었는지 종종 잊어 버린다.		
13	목소리가 떨린다.		
14	모두가 나를 응시하고 있는 것 같다.		
15	준비가 부실하다는 느낌이 드는 경우가 많다.		
16	자신이 긴장하고 있다고 청중들에게 스스로 말한다.		
17	자신이 긴장하고 있다는 것을 청중이 알 것이라고 생각한다.		
18	방금 한 말을 기억하지 못한다.		
19	청중들이 눈에 거의 들어오지 않는다.		
20	강의(연설)를(을) 하느니 차라리 죽는 게 낫다는 심정이다.		

* 출처: 다이앤 디레스터(2006: 82-83)의 '프리젠테이션 공포지수'를 일부 수정한 자료임.

채점을 하고 자신의 불안지수를 판정해 보자. '예'는 1점, '아니오'는 0점으로 계산한다.

0~5점인 경우(대담함)에는 강의에 자신감이 차 있다고 할 수 있다. 강의불안이 거의 없다. 강의를 시작하고 나서 잠시 동안은 긴장할 수도 있지만 효과적으로 강의하는 기술을 터득하고 있다.

6~11점일 경우(불안함)에는 강의를 하는 동안 내내 긴장한다. 그러나 이를 극복하여 자신이 말하고자 하는 내용을 잘 전달할 수 있는 능력이 있다.

12~20점일 경우(패닉)라면 긴장의 노예가 된다. 되도록 대중 앞에서 말하는 상황을 피하려고 하는 편이다.

흔한 경우는 아니지만, 만일 20개 문항에 모두 '예'라고 답했다면(공포증) 공포증 치료를 해야 할 것이다.

강의불안 극복하기

강의불안의 주된 원인은 가르칠 내용에 대한 준비소홀이다. 가르칠 내용에 대한 준비가 소홀하면 그에 수반하여 자신감이 없어지게 된다. 자신감이 없으면 학습자들의 눈빛만 봐도 불안하고 긴장감이 더하게 된다. 이러한 심리적 불안상태에서는 수업을 자신있게 진행하지 못하게 된다. 잘 준비된 강의내용은 이미 90%를 전달한 것이나 다름없다. 완벽한 준비는 두려움을 물리친다. 밥 파이크가 설파한 것처럼, "적절한 준비와 연습은 빈약한 성과를 방지한다." 준비한 자만이 자신감을 가질 수 있다. 고장난 총을 들고, 더구나 총알도 하나 없이 전쟁터로 나간다고 해서야 어찌 적을 제압할 수 있겠는가? 자신감을 키우고 싶으면 준비하라. 다니엘 웹스터가 말했듯이, "완전한 준비 없이 청중 앞에 선다는 것은 반나체로 여러 사람 앞에 서는 것과 같다."(데일 카네기, 2010: 41)

긍정적 자기대화(self-talk) 역시 강의불안을 극복할 수 있다. 우리는 하루에 약 70%의 시간을 자기 자신과 대화한다. 자신과의 대화를 통하여 자신을 알게 된다. 자기대화는 스트레스를 다루는 방법의 하나이다. 자기대화는 긍정적이거나 부정적일 수 있다. "단계적으로 차근차근 처리하면 무슨 일이든 할 수 있어."와 같은 긍정적인 자기대화는 두려움을 반전시킨다. 그것은 신뢰심을 정착시키고, 신뢰심은 어떤 두려움을 극복하기 위한 행동을 취할 수 있게 한다. 반면, "나는 이것을 할 수 없어."와 같은 부정적 자기대화는 스트레스를 증가시킨다.

강의불안은 일반적으로 부정적 자기대화에서 비롯된다.

"나는 이 강의를 원치 않았지. 난 내 자신이 바보가 될까 두려워."

"고등학교 시절이 생각나네. 선생님이 나에게 시를 암송해 보라고 하셨을 때 난 시의 대부분을 얼버무렸는데, 다른 학생들이 웃었지."

반면, 긍정적 자기대화는 자신감을 심어준다.

"여기는 고등학교가 아니잖아. 그때와는 달리 지금은 강의를 준비하고 연습할 기회를 갖게 되었지. 또한 난 10대가 아니라 성인이잖아."

"나를 신뢰하지 않았으면 이 강의를 맡기지 않았을 거야. 준비를 잘하고 연습하면 난 할 수 있어."

스트레스란 과중한 부담이 되는 상황에서 아드레날린 분비를 수반하는 긴장감에 대한 신체적 반응이다. 스트레스를 받으면 짧게 숨을 쉬는 경향이 있다. 그렇게 되면 뇌에 전달하는 산소가 줄어들고 충분히 생각할 수 없다. 눈을 감고 코로 숨을 들이쉬면서 마음속으로 천천히 넷까지 세면서 아랫배까지 깊이 숨을 들이쉰 후 잠시 멈춘다. 이제 입을 통해 숨을 내쉬면서 천천히 넷까지 세고 다시 잠깐 멈춘다. 이것을 2~3분 동안 계속한다. 이 연습을 자주 할수록 긴장이 완화된다. 이 연습을 규칙적으로 하는 사람은 아드레날린 농도가 낮아진다. 위대한 테너 가수인 잔 드 레케는 "빨아들일 수 있는 최대한의 심호흡을 한다면 불안감은 사라진다."고 입버릇처럼 말하였다(데일 카네기, 2010: 50).

11. 첫인상

첫인상이 마지막 인상이다.
– 케네디 –

대학에서 나는 헤아릴 수 없을 정도로 많은 학생들을 만나고 헤어졌다. 그들의 이름과 얼굴을 기억하는 것이 불가능할 정도다. 수많은 만남 중에서 지금까지 나의 머릿속에 생생하게 남아있는 학생들은 대학에 처음 부임했을 때 만났던 학생들이다. 그들의 얼굴은 물론 강의실에 앉아있던 위치까지도 수십 년이 지난 지금도 생생하게 남아있다. 요즘도 그때 만난 졸업생들과 산행을 하면서 그 시절을 회고하곤 한다. 무엇이든 처음 것이 오래 기억되는 법이다. 사람도 첫인상이 오래 남을 뿐만 아니라 한번 각인된 첫인상은 좀처럼 바꿀 수 없다. '첫인상이 마지막 인상' 이라는 케네디의 말을 공감한다. 무엇이 첫인상을 결정하는 것일까? 교수자는 긍정적인 첫인상을 위해 어떻게 해야 할 것인가?

첫인상이 중요하다

보통 사람은 평생 10만여 명의 사람들과 만난다고 한다. 그 만남 중에 첫인상이 매우 중요한 의미를 갖는다. 첫인상이 어떠냐에 따라 한 번의 만남으로 끝날 수 있고, 지속적인 인간관계를 맺을 수도 있다.

첫인상이란 처음 만나는 사람에게서 보여지는 정보를 순간적으로 감지하고 정리하여 개인의 인지구조를 통해 각인된 자료이기 때문에 일단 정보가 입력되면 쉽게 바뀌지 않는다.

각종 면접에서 첫인상이 당락을 결정한다고 할 정도로 그 중요성이 커지고 있는 오늘날, 뷰티분야가 새로운 인기산업으로 부상하고 있다. 하지만 외적인 얼굴은 바꿀 수 있을는지는 몰라도 내적인 인상은 바꾸기 어렵다.

톨레도대학의 프랑크 버니에리 교수는 나이와 출신배경이 다양한 지원자들이 20분 동안 취업 면접을 하는 모습을 분석하였다. 면접관은 지원자들의 야망, 지적 능력, 경쟁력 등의 특성에 대해 점수를 매기라는 지시를 받았다. 면접이 끝난 후 피험자들에게 면접장면을 녹화한 비디오테이프 중에서 면접 시작 후 15초 동안의 모습만 보여주었더니 피험자들이 15초 동안 받은 첫인상이 면접관들이 20분의 면접시간 동안 받은 인상과 거의 일치한다는 결과가 나왔다(앨런 피즈 · 바바라 피즈, 2005: 330-331).

첫인상은 어떤 사람을 보는 순간에 거의 즉각적으로 형성된다.

뇌는 낯선 사람을 처음 대할 때 가장 많은 정보를 탐색하고 받아들인다. 이때 한 번 저장된 정보를 통해 순식간에 개인에 대한 인상을 결정하고, 그 후로는 이미 입력된 정보에 따라 상대방을 판단한다. 그 이유는 뭐든지 단순하게, 빨리빨리 처리하려는 뇌의 기능 때문이다. 인간의 뇌는 짧은 시간에 인상을 판단하는 논리회로를 진화시켜왔다. 낯선 장소가 안전한지, 상대가 사기꾼은 아닌지 재빨리 판단하여 움직이지 않으면 생존하기 어렵기 때문이다. 그래서 뇌는 사물을 보면 '이런 것이다' 라고 단정해 버리는 성질을 갖게 되었다. 이것을 인상의 초두효과(primacy effect)라 한다.

사람은 일단 첫인상이 형성되면 뒤에 들어오는 정보에는 별로 관심을 두지 않는다. 먼저 들어온 정보가 나중에 들어온 정보보다 인상 형성에 강력한 영향을 미치는 것이다. 인간관계에서 한 번 구겨진 인상은 좀처럼 회복되지 않는 것은 이러한 초두효과 때문이다.

첫인상이 형성되는 시간은 어느 정도일까? 이에 대해서는 여러 학설이 있어서 단정하기 어렵다. 심지어는 몇 초 내에 첫인상이 결정된다는 설도 있다. 이 설에 의하면, 어떤 사람을 보는 순간 그 사람의 인상이 머릿속에 각인된다.

미국의 심리학자인 즈민과 즈민(Zuman and Zuman, 1974)은 사람의 첫인상이 처음 4분간에 결정된다고 주장하였다. 사람은 만나서 처음 4분 이내에 모든 인상이 결정될 뿐만 아니라, 처음 4분간에 만들어지는 이미지는 그 후 바꾸기가 어렵다는 것이다. 애스톤대학의 네일 앤더슨 박사는 모의면접실에서 처음 4분 사이에 채용 여부가 결정되었다고 주장하였다. 면접관은 4분 안에 응모자에 대한 평가를 내릴 수 있다는 것이다(나이토 요시히토, 2007a: 36).

무엇이 첫인상을 결정하는가?

첫인상을 결정하는 요인으로서 외모가 중요한 역할을 한다.

사람들은 일반적으로 외모가 출중한 사람을 만나면 자신도 모르게 그 사람의 다른 부분도 뛰어날 것이라고 믿는다. 해와 달의 찬란한 빛이 구름 때문에 더 멀리 퍼져 후광이 생기는 것처럼, 한 가지 장점은 다른 것까지 아름답게 보이게 하는 효과가 있다. 이와 같은 현상을 후광효과(halo effect)라 한다.

『삼국지』에도 외모에 관한 이야기가 나온다.

걸출한 인재 방통(龐統)이 손권(孫權)을 찾아가 동오(東吳)를 위해 일하고 싶다고 하였다. 그러나 손권은 방통을 못생긴 외모만 보고 거절하였다. 노숙(魯肅)이 몇 번이나 그를 등용하라고 권했지만 소용없었다. 손권은 방통의 외모만 보고 그의 진면목을 간과한 것이다(주통, 2011: 156).

외모가 그만큼 중요하다는 이야기다.

외모의 중요성은 실험을 통해서도 증명된다.

대학생을 세 그룹으로 나누어 한 그룹에는 아름다운 여성의 사진을, 다른 그룹에는 사진을 제시하지 않은 채 강도 사건의 신문 기사를 읽게 한 뒤 "범인에게 형량을 어느 정도 주는 것이 타당하다고 생각하느냐?"고 물었다.

그러자 아름다운 여성 용의자의 사진을 본 그룹은 평균 2.8년, 못생긴 여성 용의자의 사진을 본 그룹은 평균 5.2년, 아무 사진도 보지 않은 그룹은 평균 5.1년이라고 대답하였다(다쿠미 에이이치 · 야마모토 후키코, 2006: 76). 외모가 사람의 선과 악까지 유추할 수 있다는 이야기다.

복장 역시 첫인상에 후광효과로 작용한다.

옛말에 "잘 입은 거지는 얻어먹어도 잘 입지 못한 거지는 얻어먹지 못한다."는 말이 있다. 가수 한복남의 '빈대떡 신사'란 노래는 돈은 없지만 양복을 잘 차려입은 한 신사가 음식점에 들어가서 음식을 먹고는 나올 때 음식값을 지불하지 못해 매를 맞는 모습을 묘사하고 있다. 돈은 없지만 옷을 잘 차려 입었기 때문에 음식점에 들어갈 수 있었지만, 돈도 없고 옷차림까지 초라했더라면 음식점에 들어가지도 못했을 것이다.

이와 비슷한 이야기는 중국에서도 있었다.

쩡셴쯔(曾憲梓)는 홍콩의 유명한 기업인이자 정계에서도 강력한 영향력을 행사하고 있는 인물이다. 하루는 그가 초라한 옷을 입고 가방에 넥타이를 잔뜩 넣어 가지고 한 외국인이 경영하는 의류 매장을 찾아갔다. 의류점 사장은 그의 초라한 모습을 보고 무례한 말투로 당장 나가라고 요구했다.

기분이 상해서 집으로 돌아온 쩡셴쯔는 그날 밤 한숨도 잘 수 없었다. 이튿날 아침 그는 정장을 말쑥하게 차려입고 어제 그 의류점을 또 다시 찾아갔다. 의류점 사장은 어제와 달리 깔끔한 옷차림에 호감을 느껴 이런저런 이야기를 나누었는데, 대화를 할수록 서로 말이 통하는 것을 알게 되었다. 이 일을 계기로 두 사람은 좋은 친구가 되었다. 훗날 그들은 함께 손을 잡고 남성복 명품 브랜드인 진리라이(金利來)를 창조해 냈다(치우칭지엔 · 황쉬에리 편, 2010: 248-249).

옷이 날개다. 실험을 통해서도 옷의 중요성이 입증된다.

뉴욕 시 외곽에 중류층 및 중상층이 모여 사는 지역에서 통행인에게 "10센트 동전을 5센트 동전 두 개로 바꿔주시겠습니까?" 하고 부탁하는 현장 실험이 있었다.

슈퍼마켓 입구에서 실험을 한 결과, 실험자가 양복에 넥타이 차림으로 부탁하는 것이 히피족 차림일 때보다 환전에 성공하는 경우가 더 많았다(시부야 쇼즈, 2003: 183).

영국 레스터대학의 심리학자인 노스(A. C. North) 박사는 남녀 실험 도우미를 선발하여 실험을 하였다. 이들에게 어떤 때는 제대로 복장을 갖춰 입게 하고, 어떤 때는 허름한 차림으로 거리에서 자동차가 돌진해 올 때 위험한 횡단을 시도하도록 하였다. 실험은 2

주간에 걸쳐 진행되었고, 실험 도우미는 18,000번에 걸쳐 횡단을 시도하였다.

그 결과, 깔끔한 옷차림을 한 사람이 횡단을 시도할 때는 78.9%의 운전자가 멈춰 선 반면, 허름한 복장을 한 사람이 횡단할 때는 65.4%의 운전자가 멈춰섰다. 허름한 옷차림을 한 사람이 횡단을 시도하면 운전자는 요란한 경적을 울리면서 먼저 가려고 애를 썼지만, 옷을 잘 입은 사람은 다소 무모한 시도를 해도 운전자가 신경을 써주고 멈추는 경우가 많았다(나이토 요시히토, 2007b: 105-106).

교수자는 복장에 신경을 써야 한다. 옷은 상황에 맞게 입어야 한다. 상황에 맞는 교수자의 옷차림도 경쟁이다. 값비싼 옷을 입어야 한다는 것은 아니지만, 학생들에게 깨끗하고 깔끔하다는 인상을 주도록 신경을 써야 한다.

첫인상이 중요하다는 점을 인식한다면 정장을 입는 것이 원칙이다. 정장도 색상과 모양이 다양하기 때문에 수업의 목적과 분위기에 맞는 것을 고르는 안목이 있어야 한다. 남자는 짙은 양복을 입는 것이 무난하고, 흰 와이셔츠, 밝은 색 톤의 넥타이를 착용하되 튀지 않는 복장이 무난하다. 학생들의 시선이 산만하지 않도록 하기 위해서다.

여자의 경우에는 재킷에 치마나 바지가 무난하다. 색깔은 남자에 비해 다양하지만, 학생들의 시선이 산만해지는 것을 방지하기 위해서 화려한 옷이나 장신구는 피하는 것이 좋다.

얼굴표정 역시 첫인상을 형성하는데 결정적으로 작용한다.

얼굴표정을 보면 그 사람의 마음을 알 수 있다. 항상 밝은 표정을 짓는 사람과 무뚝뚝한 표정을 짓는 사람 중에서 누가 사람들로부터 호감을 받겠는가?

인간관계에 있어서 표정은 매우 중요한 역할을 한다. 밝은 얼굴 표정은 상대방에게 밝은 인상을 준다. 환하게 웃는 얼굴은 상대방에게 편안함과 친근함을 주기 때문에 낯선 상대에게서 오는 경계심을 무너뜨려 신뢰감을 주는 것이다. 반면에, 얼굴에 웃음이 없는 경우 상대방에게 부정적인 영향을 주기 때문에 인간관계나 상대방을 설득할 때 좋지 않은 결과를 낳는다.

한 연구기관에서 슈퍼마켓을 털다가 잡힌 강도들이 수감되어 있는 미국의 한 교도소를 상대로 하여 수감자들에게 설문조사를 했다. "슈퍼마켓을 털 각오를 했지만 털 수 없었던 경우가 있었느냐?"는 질문에 약 95%가 종업원이 눈을 맞추며 인사할 때 양심상 도저히 총과 칼을 꺼낼 수 없었다고 한다. "총과 칼로 종업원에게 상해를 입히거나 살인까지 저지른 경우는 언제인가?"라는 질문에 응답자의 90%는 슈퍼마켓에 들어갔는데 아는 체도 하지 않고 웃지도 않을 때였다고 답했다고 한다.

중국속담에 "미소 짓지 않으려면 가게 문을 열지 말라."는 말이 있다. 물건을 사러오는 손님에게 밝은 얼굴로 대해야 매상이 많이 오를 것이기 때문이다.

미국 프린스턴대학의 제이슨 박사는 판매원 150명을 동원하여 웃음과 세일즈의 관계에 대한 재미있는 실험을 했다. 50명은 시종일관 웃음을 띠고, 50명은 무표정한 상태로, 나머지 50명은 신경질적인 얼굴로 판매를 하였다. 놀랍게도 웃음팀은 목표량의 3~10배까지 팔았고, 무표정팀은 목표량의 10~30%를 팔았으며, 인상을 쓴 팀은 전혀 팔지 못했다고 한다.[8)]

수업시간에 교수자는 밝은 표정을 지어야 한다. 얼굴이 너무 경직되어 있으면 자신감이 없어 보이고, 웃음이 너무 헤프면 똑똑하지 않아 보인다. 적당한 미소는 자신감과 진실성이 있고 여유로워 보여 호감을 준다.

"표정을 밝게 하라. 그러면 학생들이 달라질 것이다."

NOTE

12. 목소리

말은 사람의 본성을 보여준다.
말하라. 내가 당신을 볼 수 있도록.
– 브레인 리 –

말하는 것을 보면 그 사람의 본성을 알 수 있다. 사람이 하는 말속에 그 사람의 인격과 됨됨이가 그대로 들어 있다. 특히 사람의 목소리는 인간관계에 있어서 매우 중요한 비중을 차지한다. 듣기 좋은 목소리를 가진 사람과 대화를 하면 기분도 좋고 소통도 원활해진다. 목소리 자체도 중요하지만, 높낮이 · 속도 등도 못지않게 중요하다. 나지막한 소리로 높낮이가 없이 평탄한 음으로 말하는 사람과 이야기를 하면 집중이 안되고 졸리기까지 한다.

일대일 대화도 그럴진대 한 사람이 여러 사람을 상대로 이야기하는 수업에서는 어떻겠는가? 그러한 교수자의 강의를 듣는 학생은 자장가가 따로 없다. 수업 중 교수자의 목소리는 어떠해야 하는가?

목소리는 경쟁력이다

미국의 심리학자 앨버트 멜라비언에 의하면, 의사소통에 있어서 청중에게 미치는 영향력의 정도는 언어(verbal), 즉 전달하고자 하는 내용이 7%, 음성(vocal), 즉 목소리 또는 이야기하는 방법이 38%, 시각(visual), 즉 보디랭귀지가 55%라고 한다. 이 결과에 따르면, 의사소통에 있어서 중요한 것은 대화의 내용보다 목소리나 표정 · 보디랭귀지다.

새로운 대중매체가 등장할 때 사람들은 전통적인 연설시대가 끝났다고 생각했다. 하지만 루즈벨트 대통령은 노변정담(爐邊情談)으로 국민과 소통하는 라디오 커뮤니케이션 시대를 이끌었고, 레이건 대통령은 텔레비전 시대의 대중연설 아이콘이 되었다. 인터넷 시대는 또 다른 연설의 달인 버락 오바마 대통령을 낳았다. 방송인 박경림은 금속성의 쉰 목소리를 콤플렉스로 받아들이지 않고 개그의 소재로 만들었다.

키 197cm에 몸무게가 127kg가량인 유명한 미식축구 선수가 있었다. 그의 꿈은 미식축구 선수로서 최선을 다하고 은퇴한 후에는 TV 스포츠 해설가가 되는 것이었다. 그는 선수생활을 하는 중에 틈틈이 그 꿈을 이루고자 각종 경기 자료를 스크랩하고 유명 해설가의 중계를 녹화해서 몇 번이나 반복해서 보았다.

하지만 그에게는 결정적인 핸디캡이 있었다. 바로 목소리였다.

목소리가 작고 낮았던 것이다. 하지만 그는 포기하지 않고 목소리 훈련을 받고 부단한 연습을 통해 목소리를 바꾸었다. 크고 깊어진 새로운 목소리는 그의 인생을 바꿔놓았다. 은퇴 후 TV 스포츠 해설자로 변신하여 대성공을 거둔 것이다(브라이언 트레이시, 2008: 218-219).

숨을 들이마신 후 내쉬는 공기가 성대 사이의 작은 틈을 지나면서 성대 점막을 진동시키면 소리가 만들어진다. 이 소리가 공명(共鳴)과 구음(口音)이라는 과정을 거쳐 음성이라는 목소리로 인식된다. 그중에서 목소리의 고유한 특색을 결정해주는 것은 성대의 진동에 의한 소리의 생성이다.

건강한 목소리란 성대에 무리를 주지 않고 편안한 발성을 통해 목소리를 생성하는 것이라고 할 수 있다. 반대로 목을 무리하게 사용하면 듣기 거북한 목소리로 변하게 되는데, 이것은 성대가 평소보다 진동을 많이 함으로써 무리를 하게 되고 이에 따라 성대점막이 충혈되고 부어올라 정상적인 진동이 되지 않기 때문이다.

좋은 목소리와 나쁜 목소리를 구분하는 기준을 정하는 것은 매우 어렵다. 하지만 듣기 좋은 목소리와 듣기 거북한 목소리는 분명히 느낄 수 있다. 지속되는 강의에서 긴장된 쉰 목소리는 듣는 사람에게 일종의 소음으로 작용한다. 소음을 듣는 학생의 입장에서는 소리에 대한 스트레스와 강의내용을 익혀야 하는 이중의 스트레스를 받게 된다. 시끄러운 소음 속에서 강의내용을 들어야 하는 고통은 매우 크다. 결국 학생 역시 긴장과 피곤을 느끼게 되어 학습효과가 떨어진다.

일반적으로 좋은 목소리는 명료하고 깨끗하며 톤이 약간 높고 하모닉스와 울림이 좋아 느낌이 풍부한 소리를 말한다.

수업할 때의 목소리

수업 시 목소리 크기는 청중의 주의집중과 밀접한 관련이 있다. 교수자가 학생의 수나 공간의 크기에 맞게 목소리의 크기를 조절하지 못하면 청중들이 주의집중을 하지 못할 것이다. 넓은 공간에서 작은 목소리로 말을 할 때 청중은 주의를 집중하기 어렵다. 목소리가 작으면 생기있는 강의를 하기 어렵고, 자신감이 없어 보인다. 이러한 상황에서 학생들은 교수자에 대해 실망하고 강의에 집중하지 못하고 딴전을 피게 된다. 이러한 장면을 목격한 교수자는 강의할 의욕이 떨어지고 심지어는 강의할 내용을 잊어 버리고 진땀을 빼는 악순환을 초래하게 된다.

이와는 반대로, 좁은 공간에서 크게 내는 교수자의 목소리는 소음과 같다. 강의에 집중하기보다 소음을 피하는데 더 많은 신경을 쓰게 된다.

상황에 따라 목소리의 크기를 다양하게 조절하는 방법을 익혀야 한다. 교수자의 생명력은 목소리에 있다. 장시간 목소리를 쓰지 않다가 강의를 할 때는 특히 목소리의 크기에 신경을 써야 한다.

목소리는 폐에서 공기가 나오면서 성대가 진동해서 생긴다. 목소리의 특징은 기본 주파수를 비롯하여 이를 중심으로 다양한 주파수가 섞이는 정도(하모닉스)와, 울림에 의해서 결정된다. 남자 목소리의 기본 주파수는 100~150Hz, 여성은 200~250Hz이다. 100Hz는 1초에 성대가 100번 진동한다는 것을 의미한다. 소리가 높을수록 주파수도 높아지는데, 높은 주파수일수록 파장이 짧아서 또렷하게 들리지만 전달거리는 짧다. 주파수가 낮은 중저음의 목소리는 안정감과 지적인 느낌을 준다. 듣기 좋고 매력적인 목소리는 하모닉스가 풍부하다.

타고난 연설가였던 히틀러는 악센트(accent)가 강하고 톤이 높은 목소리로 청중들을 선동했고, 연설을 할 때는 청중이 긴장하도록 톤을 높여 강하게 했다고 한다. 카운슬러나 컨설턴트는 부드럽고 중성적인 목소리로 말해야 안정감을 준다. 강의를 할 때는 강조할 부분과 그렇지 않은 부분에 따라 목소리를 다양하게 구사해야 한다. 설득할 때는 낮은 목소리로 부드럽게 이야기하는 것이 좋다.

어떤 교수자의 강의를 들으면 강약이 없이 평탄하게 말을 이어간다. 또 어떤 교수자는 처음부터 끝까지 강한 어조로 강의를 하기도 한다. 이 두 가지 경우는 좋은 강의라고 하기 어렵다. 왜냐

하면 강조할 부분이 어딘지를 청중이 알지 못하기 때문에 지루하고 짜증나기까지 한다.

글은 밑줄을 긋거나 색깔을 달리함으로써 강조할 부분을 표시하는 경우도 있지만, 부호나 표시가 없이 글로만 된 문장은 강조할 부분과 그렇지 않은 부분을 구분하기 어렵다. 그리하여 글로써 의사소통할 때는 말로써 할 때보다 전달하고자 하는 의미가 곡해될 경우가 많다. 하지만 음성을 통한 말의 경우에는 강약을 통하여 강조할 부분과 그렇지 않은 부분을 구분하는 것이 가능하기 때문에 전달하고자 하는 의미를 보다 쉽게 이해할 수 있다. 강약은 글과 말을 구분하는 잣대가 된다.

일반적으로 핵심적인 내용을 전달하고자 할 때는 목소리를 크게, 또는 강하게 말을 하는 것으로 생각하고 있으나, 반드시 그렇다고 할 수는 없다. 크고 강하게 말한다고 해서 강조가 잘 된 것이라고 할 수는 없다. 강조할 부분을 속삭이듯 약하게 말할 수도 있다. 보통의 목소리로 말을 하다가 강조할 부분에서 잠시 쉬었다가 속삭이듯 말하면 강조의 효과가 높아진다. 잠시 쉼으로써 청중들로 하여금 주의를 집중하도록 하는 효과를 가져올 수 있다.

강약조절이 없는 강의는 김이 빠진다. 강약조절을 잘 함으로써 의미전달을 잘하는 교수자가 명교수자다. 처음부터 끝까지 강한 어조로 말하는 교수자는 정력만 소모할 뿐이다.

오감 중에서 가장 싫증을 잘 느끼고 지루해하는 기관은 바로 귀다. 따라서 강의를 할 때 음의 고저를 사용하여 청중들이 지루하지 않게 전달할 수 있어야 한다.

일반적으로 음의 고저는 데시벨(dB)로 측정한다.

일상적으로 대화를 나누거나 조용히 말할 때는 저음인 10~20데시벨이다. 이것은 음악의 도~레에 해당하는 저음이다.

많은 사람 또는 대중 앞에서는 중음인 40~50데시벨의 크기로 말을 하는데, 이는 음계의 미~솔에 해당한다.

연설할 때 강조할 부분이나 감정을 1차로 고조시킬 때는 중고음인 60데시벨의 크기로 말해야 하는데, 이는 음계의 라에 해당한다.

연설할 때 강조할 부분이나 감정을 2차로 고조시킬 때는 고음인 70~80데시벨의 크기로 말해야 하는데, 이는 음계의 시~도에 해당한다.

오늘날 마이크가 발달되어 특별한 경우를 제외하고는 음계의 레~도에 해당하는 80~100데시벨 크기의 최고음은 사용하지 않는다.

설교를 할 때 음정배분은 대략적으로 30데시벨 15%, 40~50데시벨 50%, 60데시벨 20%, 70~80데시벨 15%로 배분하는 것이 적당할 것이다.

사람마다 말하는 속도가 다르다. 어떤 사람은 일사천리로 숨도 쉬지 않고 말을 하는가 하면, 어떤 사람은 구렁이 담 넘어가듯 느리게 말을 한다. 말을 빨리하면 듣는 사람이 불안하고 내용을 이해하기 어려울 뿐만 아니라 장시간 들으면 피곤함을 느끼게 된다. 화자(話者)의 말을 듣고 그가 전달하는 내용을 분석하고 이해해야 하는데 빠르게 하는 말을 계속해서 듣다 보면 뇌가 피로를 느끼게 된다. 반면, 말이 느리면 지루하고 산만해지며, 주의집중에 방해가 된다.

청중을 상대로 말하는 사람들은 자신이 말하고자 하는 내용을 다른 사람이 잘 듣고 이해할 수 있도록 해야 한다. 어린이나 청소년들의 말은 약간 빠른 편이지만, 노인들은 말을 느리게 하는 경향이 있다. 노인들을 대상으로 말을 할 때는 빠르지 않도록 해야 한다.

뉴스시간에 아나운서가 하는 말의 속도는 분당 2,300자 정도이고, 스포츠 중계할 때 아나운서의 말은 분당 350~500자 정도라고 한다. 우리나라 사람들이 가장 듣기 쉬운 말의 속도는 분당 260~270자라고 하는데, 이것은 드라마의 나레이션이나 시낭송 정도의 속도이다.

강력한 전달이 요구될 때는 빠른 속도로 말하고, 강조하고자 하는 곳에서는 천천히 말해라. 좀 더 깊은 감정을 표현할 때는 말의 속도를 늦춰라. 목소리가 좋지 못한 사람은 천천히 말하는 것이 좋다.

중요한 내용의 앞과 뒤에서 잠시 숨을 고르라. 듣는 사람의 가슴에 깊이 새기고 싶은 내용에서는 아무 말 없이 사람들의 눈을 똑바로 쳐다보아라. 이러한 갑작스런 침묵은 주의를 환기시킨다. 청중들은 모두 긴장되어 귀를 쫑긋 세운 채 그 다음에 무슨 말이 나올까 하고 정신을 바싹 차리게 된다.

목소리 관리하기

카페인이 함유된 찬 액체나 음료수를 삼간다. 얼음처럼 찬 음료와 카페인은 성대를 수축시켜서 목소리를 쉬게 한다. 카페인은 두통 · 신경과민 · 위장장애를 유발한다. 많은 양의 카페인은 의기소침한 행동과 졸음을 유발하여 활동능력을 떨어뜨린다. 성대를 부드럽게 유지하기 위해서 가끔은 물을 마셔라. 하루에 2리터 정도의 물을 조금씩 나눠 자주 마시는 것이 성대 윤활유를 분비하고 성대를 촉촉하게 유지하는데 큰 도움이 된다. 물의 온도는 너무 차지도, 뜨겁지도 않은 체온과 비슷한 미지근한 정도가 좋다.

박하사탕이나 설탕이 함유된 음식을 삼간다. 흔히 교수자들은 딱딱한 캔디나 박하사탕을 먹으면 목이 상쾌해질 것이라고 생각한다. 그러나 많은 경우 캔디는 그 반대적인 효과가 있다. 목을 많이 써서 목이 쉬고 통증이 있거나 목감기가 잘 걸리는 등의 증세가 있을 때 흔히 사용되는 한약재 중에 오미자가 있다. 오미자를 2리터 주전자에 1스푼 정도만 넣고 끓여도 충분하다.

날계란이 목에 좋다는 속설은 계란의 유들유들한 감촉이 성대를 매끄럽게 해줄 것이라는 기대 때문일 것이다. 하지만 음식을 삼킬 때는 성대와 그 위쪽에 있는 가성대, 후두개가 덮이며 폐로 가는 길이 막히고 식도의 길을 열어준다. 즉 날계란을 삼켜도 성대까지는 닿지 못하기 때문에 좋은 영향은 미치지 못하는 것이다.

규칙적으로 목소리 연습을 하게 되면 목소리를 강화시키는데 도움을 준다. 성대를 강화시키는데 도움을 줄 수 있는 연습을 하는 것이 좋다.

심호흡을 하고, 될 수 있는 한 오랫동안 '아~' 라는 소리를 낸다. 이것은 목소리를 자극하여 말이 잘 나오도록 한다. 부드럽게 말하고자 하는 강사들에게 좋은 연습이다.

심호흡을 하고 될 수 있는 한 낮은 톤으로 오랫동안 '음~' 이라는 소리를 낸다. 이는 목소리를 울리게 한다. 목소리를 낮게 하고 보다 위엄있게 하고자 할 때 좋은 연습법이다.

13. 눈맞춤

표정은 마음의 초상화요,
눈은 그 마음의 의지를 보여주는 것이다.
– 키케로 –

사람들은 눈은 입보다 많은 말을 하고, 마음의 창이라고 한다. 사람을 대할 때 그의 눈을 보면 말로 전달하고자 하는 것보다 더 많은 것이 나타난다. 인체의 기관(器官) 중 눈보다 더 정직한 부위가 있을까? 눈은 마음속에 담고 있는 생각을 그대로 표현한다. 대화를 할 때 시선이 마주치면 상대가 내 마음속에 들어있는 것 같은 느낌을 받는다. '표정이 마음을 그린 초상화라면, 눈은 마음이 표현하는 의지를 보여주는 것' 이라고 키케로는 말한다. 그렇다고 한다면, 눈맞춤은 마음이 표현하는 의지를 이어주는 끈이라 할 수 있다. 수업 중에 교수자는 학습자들과 눈맞춤을 잘해야 한다. 눈맞춤을 어떻게 해야 교수자와 학습자의 마음을 단단히 이을 수 있을 것인가?

눈은 마음의 창

눈은 사물을 보는 차원을 넘어서 사람의 마음 · 특성 · 됨됨이까지 엿볼 수 있다. 눈은 입처럼 말을 하는 것은 아니지만, 입보다 더 많은 것을 말한다. 마음속의 무한한 변화를 눈은 있는 그대로 나타내고 있기 때문에 입보다 더 많은 말을 하는 셈이다. 선조들은 "몸이 천 냥이면 눈이 구백 냥"이라며 눈을 우리 몸의 어떤 부분보다도 중요한 기관으로 여겼다.

일반적으로 우리는 사람을 볼 때 가장 먼저 얼굴을 본다. 얼굴 중에서도 눈을 먼저 본다. 피곤함을 느끼는 사람은 눈이 충혈되고 눈을 자주 감는다. 건강한 사람은 눈이 맑고 빛이 난다. 눈을 보고 그 사람의 건강을 짐작할 수 있는 것이다. 또한 거짓말을 하는 사람은 눈부터 다른데, 상대의 눈을 똑바로 보지 않으려는 심리가 있다. 거짓말을 하려면 상상력을 발휘해야 하기 때문에 눈동자가 비스듬이 위로 올라간 후 오른쪽을 본다는 주장도 있다.

반면, 진실한 이야기를 할 때는 기억을 해내기 위해 눈동자가 비스듬히 위로 올라가 왼쪽을 본다는 주장도 있다. 과학적으로 입증된 이야기는 아니지만, 거짓말과 눈의 움직임은 관련이 있다는 것은 사실인 것 같다.

우리는 "눈은 마음의 창' 이란 말을 자주 듣는다. 이것을 과학적으로 입증한 연구결과가 나왔다. 눈은 단순히 사물을 보는 것

뿐만 아니라 인간의 내면을 드러내고 의사소통에도 중요한 역할을 한다는 사실을 입증한 연구결과다.

독일의 막스플랑크 진화인류학 연구소 연구진이 발표한 연구보고서에서 사람은 침팬지나 고릴라와 같은 다른 영장류가 동종간의 눈에 반응하는 것보다 다른 사람의 눈의 움직임에 민감하게 반응하는 것으로 나타났다.

다른 영장류들의 눈은 갈색 등 짙은 색의 공막(鞏膜)을 갖고 있어서 눈동자의 움직임을 잘 볼 수 없지만, 사람의 눈은 흰색 공막을 갖고 있어서 시선이 잘 드러난다. 또한 얼굴 피부와 공막, 홍채의 색깔이 대비되어 사람의 시선이 어디를 향하는지가 분명하게 드러난다는 것이다.

눈은 강력한 메시지를 전한다. 어떤 사람과 단둘이서 대화를 할 때 시선처리가 아주 어렵다는 것을 느낀다. 상대방의 눈을 쳐다보고 이야기해야 한다는 것은 알고 있지만, 이야기하는 동안 상대방의 눈만 응시할 수도 없는 것이다. 상대방과의 거리가 가까울 때는 더욱 난처하다. 그리하여 예의에 어긋나는 줄은 알지만 다른 곳을 바라보기도 한다. 필자는 사춘기 때 여학생들을 바라보지 못했다. 여학생들이 마주보며 걸어오다가 가까이 오게 되면 시선을 다른 곳으로 돌리기 일쑤였다.

비록 사진일지라도 지켜보는 눈이 있을 때 사람들은 더 정직하게 행동한다는 실험결과가 나왔다.

영국의 뉴캐슬대학 연구진은 물주전자와 차 · 커피 · 우유 등을 비치한 무인판매대의 요금함 위에 사람의 눈을 크게 부각시킨 흑백사진 포스터와 꽃 그림 포스터를 매주 바꿔 붙이고 주별 매상실적을 확인한 결과 눈 사진이 걸렸을 때 매상실적이 평균 2.76배 증가했다고 밝혔다.

연구진은 학교 구성원들에게 실험 내용을 밝히지 않고 10주 동안 이러한 실험을 한 결과 꽃 그림이 걸린 주에는 우유 1리터당 10~30펜스가 건힌 반면, 눈 그림이 걸린 주에는 리터 당 평균 약 70펜스가 걷혔으며 남자의 눈이 걸린 주에는 이보다 더 많은 돈이 걷혔다고 설명했다(조인스 뉴스, 2006. 6. 29일자). 실제 사람이 없다고 하더라도 눈 사진이 주는 효과는 매우 크다는 것을 이 실험을 통해 알 수 있다.

클라인(Kleine, 1980)은 실험에서 실험자가 어떤 사람에게 전화를 걸어야 하는데 동전이 없다고 말하고 하나만 달라고 부탁하였다. 실험자는 부탁을 할 때 때로는 피험자들의 눈을 똑바로 쳐다보면서 말을 했고, 때로는 그들의 눈을 피하면서 말하였다. 그 결과 상대방이 시선을 마주 보고 부탁할 때 피험자 중 84%가 돈을 주었으나, 시선을 마주치지 않을 때는 돈을 주는 사람이 64%밖에 되지 않았다(세르주 시코티, 2006: 63).

관심있는 것을 볼 때는 동공이 확대된다. 일반적으로 사람은 자신을 자극하는 대상을 보면 동공이 확대된다.

시카고대학 심리학과의 에크하드 헤스 교수는 남자와 여자가 이성의 사진을 보면 동공이 확대되고 동성의 사진을 보면 동공이 축소된다는 사실을 발견했다. 5장의 그림, 즉 아기, 엄마와 아기, 나체의 남성, 나체의 여성, 풍경화가 그려진 그림을 사람들에게 보여주고 그림에 따라 변화하는 동공의 크기를 측정하였다. 남성의 동공은 여성의 그림을 볼 때 가장 넓어졌다. 여성의 경우는 나체 여성의 그림을 볼 때도 넓어졌지만, 엄마와 아기가 함께 있는 그림을 보았을 때 가장 넓어졌다. 즉 여성 실험자의 경우 엄마와 아기의 사진을 볼 때 동공이 25% 확대되었고, 남성의 사진을 볼 때는 20%, 아이의 사진을 볼 때는 17%가 확대되었다. 또한 남성에게 여성의 나체 사진을 보여주면 동공이 20% 정도 확대되었다 (최광선, 1996: 238).

수업 중 눈맞춤

의사소통을 할 때 가장 중요한 부위는 눈이다. 미국의 캘리포니아대학교 소아과 교수인 마셜클라우스(Marshall Klaus)는 산모와 신생아의 행동을 연구해 왔다. 그가 발견한 여러 주요 역학 중 하나는 '앙 파스(en face)'라고 이름붙인 자세다. 부모와 신생아가 머리를 동일한 수직면에 둔 채 서로 얼굴을 맞댄 자세다. 그는 이를 '눈과 눈의 마주침'이라 설명한다. 부모가 눈을 마주치며 관심을 기울여 주면 신생아는 평온한 경계상태로 들어갔다. 일반적인 신생아들이 몸을 꼼지락거리면서 끊임없이 주변을 둘러보는 것과 달리 평온한 경계상태의 신생아는 엄마에게 계속 시선을 집중했다는 점을 강조한다. 신생아 시기에 획득한 이 행동은 성인기로 이어진다(제리 와이즈먼, 2010: 141).

수업을 할 때 교수자는 청중들과 눈맞춤(eye-contact)을 해야 한다. 어떤 실험에 의하면, 아이의 눈을 바라보면서 이야기를 하면 그 아이는 내용을 훨씬 더 잘 기억한다. 시선을 교차하면서 대화를 나누면 설득력이 높아진다는 것은 많은 연구에서 밝혀지고 있다.

미국 일리노이대학 심리학 연구팀은 서로 모르는 두 명이 주고받는 대화를 5분간 녹화하여 그것을 학생들에게 보여주는 실험을 하였다. 하나는 서로 계속해서 눈맞춤을 하는 것이고, 또 하나는 시선을 맞추지 않는 것이었다. 이 비디오를 분석한 결과, 시선을 맞추지 않은 사람일수록 냉정하고 가까이 하기 어려운 사람이라는 부정적인 인상을 준다는 것을 알 수 있었다.

수업을 할 때 학생들과 주어진 시간의 15% 이하로 눈맞춤을 할 경우에는 학생들에게 냉정함, 변명투, 미숙함, 자신감 결여, 신뢰성 결여 등의 이미지를 준다. 이런 경우에는 성공적인 강의를 할 수 없다. 학생들은 딴전을 피거나 잡담하고, 잠을 자는 등 교실 분위기가 영 말이 아니다. 특히 신임 교수자들은 눈맞춤에 익숙하지 않다. 그들은 일반적으로 자신의 강의노트에 시선이 집중된다. 심지어 강의노트를 그대로 읽는 교수자도 있다. 그에게 있어서 강의노트는 학생들이 시험볼 때 몰래 훔쳐보는 '부정행위 쪽지(cheating paper)'와 같은 것이다. 자신감이 생길 리가 없다. 그러한 교수자를 학생들은 신뢰하지 않는다.

반면, 교수자가 학생들과 85% 이상 눈맞춤을 할 경우에는 성실함 · 친근감 · 능숙함 · 자신감 · 신뢰감 · 당당함 등의 긍정적 이미지를 학생들에게 준다. 학생들이 강의에 열중하고 교수자와의 긍정적인 눈맞춤을 통해 학생 자신의 생각을 눈을 통해 교수자에게 전달함으로써 서로가 무언의 대화를 하여 서로 피드백을 교환할 수 있다. 교수자는 가급적 주어진 시간의 90% 이상을 학생들과 눈맞춤을 해야 한다.

아울러 모든 학생과 눈맞춤을 하라. 어떤 교수자는 눈맞춤을 편파적으로 하는 경향이 있다. 교수자들은 교실 앞쪽에 앉은 학생들에게 눈맞춤을 많이 한다. 앞쪽에 앉은 학생들은 학습준비도가 양호하고, 뒤에 앉은 학생들은 학습할 준비가 되어 있지 않은 경향이 있기 때문에 앞에 앉은 학생들에게 눈맞춤을 하는 것은 당연할는지 모른다. 사람들은 이러한 눈맞춤의 사각지대를 좋아한다. 교수자는 눈맞춤의 취약지대에 눈길 세례를 줘야 한다.

자기가 좋아하는 학생과 눈맞춤을 하는 것은 자연스런 일이지만, 가능한 모든 학생들과 눈맞춤을 해야 한다. 오히려 역차별적 눈맞춤을 해야 한다. 눈맞춤의 사각지역에 앉아있는 학생은 물론 교수자 자신이 좋아하지 않는 학생에게 더 많은 눈맞춤을 해야 한다. 교수자도 인간인 이상 감정이 있지만, 좋은 감정을 갖고 있지 않은 학생에게 눈맞춤을 하지 않는 것은 교수자로서 좋은 자세가 아니다. 교수자는 천사의 마음을 가져야 한다. 아무리 사이가 좋지 않다고 하더라도 학생들과 온정의 눈맞춤을 하면 고개를 끄덕이는 등 긍정적인 반응을 한다.

사람들은 흔히 눈맞춤을 '휙~둘러보는' 것으로 착각한다. 눈맞춤은 단순히 이리저리 둘러보는 것이 아니다. 건성으로 고개만 이리저리 움직인다고 해서 그것을 눈맞춤이라 할 수는 없다. 눈과 눈을 접촉하는 가운데 마음과 마음이 소통해야 진정한 눈맞춤이다. 대충 둘러보는 것만으로는 마음과 마음이 소통할 수 없다. 그렇게 하기 위해서는 '1인 1문장(One Sentence One Person)' 법칙을 활용하는 것이 좋다. 하나의 문장을 말하는 도중에 다른 사람에게 눈을 옮기지 말아야 한다. 하나의 의미를 갖는 문장을 한 사람에게 말하고 난 후 다른 사람에게 시선을 옮기는 것이 좋다. 이것이 완벽하게 되면 설득력과 이해력이 증가하게 될 것이다. 한

문장을 말하는 데 통상 3~5초 정도 걸린다.

눈맞춤을 하고 있는 사람과 대화한다고 생각하라. 이렇게 모든 청중과 눈맞춤을 하다보면 결국엔 참석자 모두와 대화를 한 것이 된다. 이러한 방법을 통하여 강의공포도 극복할 수 있다.

청중이 50명일 경우에는 한 사람 한 사람과 시선을 교환하는 것이 가능하다. 하지만 청중규모가 그보다 더 커지면 한 사람 한 사람과 눈맞춤을 하는 것은 쉬운 일이 아니다. 그럴 경우에는 교실을 몇 개의 구획으로 나누어 그 구획을 번갈아가면서 사람들과 눈맞춤을 하면 된다.

14. 손동작

너무 많이 손에 쥐면 아무 것도 못 쥔다.
- 서양 속담 -

손이 주는 의미는 다양하다. 무엇인가 잔뜩 쥔 손, 아무 것도 갖지 않은 빈손 등 손은 인간의 욕망을 표현한다. 법정 스님은 필요없는 것을 소유하지 않는 빈손에 대해 말하였고, 서양 속담은 "너무 많이 손에 쥐면 아무 것도 쥘 수 없다."고 하였다.

처음 강단에 섰을 때 나는 손을 어디에 둘지 몰라서 손의 존재가 귀찮게 여겨졌다. 손목을 구부려서 옆구리에 대 보기도 했고, 뒷짐을 지기도 했다. 양손을 교탁을 짚고 상체를 앞으로 엉거주춤하게 구부리는 교수자도 있다. 가르치는 사람은 아마도 손에 관해서 나와 같은 고민과 시행착오를 했을 것이다. 수업을 할때 손은 어떻게 해야할까? 손동작은 학생들의 학습효과에 어떤 영향을 미치는가?

손은 많은 말을 한다

손이 전하는 말은 다양하다. 그리고 그것은 문화에 따라 다른 의미를 갖는다.

영국에서는 승리의 V자 사인을 할 때 손바닥이 보여야 한다. 손등을 보인 V자는 쌍욕이다. 승리의 V자는 영국의 수상을 지냈던 윈스턴 처칠(1874-1965)의 트레이드 마크에서 유래되었다고 한다. 제2차 세계대전에서 독일의 공격을 받고도 연합군의 중심에서 주도적으로 대항했던 처칠은 항상 손가락으로 V자 마크를 그렸다. 우리가 승리한다는 의지를 상징적으로 보였던 'Victory'의 이니셜이다. 그 모습이 언론에 보도되면서 전 세계 사람들에게 강한 인상을 주었고, 그 후 사람들은 국가 간 전쟁이나 운동경기 등에서 승리를 자신할 때 상징적으로 쓰이는 심볼이 되었다.

사람은 평생 세 가지 손을 가지고 산다. 그것은 사람이 살아가는 모습을 상징하기도 한다.

사람은 주먹을 쥔 상태(바위의 손)로 태어난다. 무엇인가를 손안에 꼭 쥐려고 하는 모습이다. 세상 것을 자기 것으로 삼고자 하는 자기 본위적인 본능이라고 할 수 있을 것이다. 그래서 어린 아이들은 자기 것으로 삼으려고 하는 소유욕이 강하다.

좀 더 자라게 되면 두 손가락을 편다(가위의 손). 조금은 다른 사람을 생각하고 다른 사람의 존재를 인식하고 내 것을 나누어주려는 마음의 표현이다. 그러나 아직도 세 손가락은 자기를 향해 쥐고 있는 것이다. 자신에 대한 관심이 다른 사람에 대한 관심보다 높다는 표시이다.

사람이 죽을 때는 손을 편다(보의 손). 모든 것을 버리고 아무 것도 갖지 않은 채 떠나는 것이 인생이다.

손짓은 대화에서 중요한 내용을 강조하고, 듣고 있는 정보를 보다 많이 기억하는데 도움이 된다. 적절한 손동작을 하면서 강의하는 것이 학생들의 학습효과에 긍정적인 영향을 미친다는 연구결과가 나왔다.

영국 맨체스터대학의 제프리 베티와 니나 맥롤린은 피실험자들에게 로저 래빗, 고양이 실베스타, 노란 아기새 트위티가 등장하는 만화의 줄거리를 들려주는 실험을 하였다.

이 실험에서 일부 피험자들에게는 달리는 장면을 묘사하기 위해 손을 위아래로 빠르게 움직이고, 헤어 드라이어를 묘사하기 위해 손을 휘두르고, 뚱뚱한 오페라 가수를 묘사하기 위해 양팔을 넓게 벌리는 등 손짓을 하면서 줄거리를 들려주었다. 이렇게 이야기를 들려주고 10분 후 테스트를 한 결과, 손짓을 보면서 줄거리를 들은 피험자들이 그렇지 않은 피험자들보다 1/3정도 줄거리를 더 자세히 기억하는 것으로 나타나 손짓이 기억력에 큰 영향을 미친다는 것이 증명되었다(앨런 피즈 · 바바라 피즈, 2005: 130-131).

골딘 메도우 연구팀(2001)은 40명의 아동과 36명의 성인을 대상으로 연구를 하였다. 이 실험은 네 단계로 진행되었다.

첫 번째 단계에서 아동들은 칠판에서 덧셈문제를 풀고 성인들은 인수분해 문제를 풀게 하였다. 두 번째 단계는 피험자들에게 철자와 단어의 목록을 주고 그것을 암기하도록 하였다. 세 번째 단계에서 피험자들은 자신들이 수학 문제의 해답을 어떻게 찾아냈는지 설명하도록 하였다. 이 단계에서 연구팀은 피험자들 중 절반에게는 말을 할 때 제스처를 사용하지 못하도록 하였다. 나머지 절반은 설명을 하면서 손을 자유롭게 사용하도록 하였다. 네 번째 단계에서 연구팀은 아동들과 성인들에게 암기한 단어와 철자들을 기억나는 대로 최대한 많이 말하도록 하였다.

그 결과, 제스처를 사용한 사람들은 그렇지 않은 사람들보다 단어와 철자를 평균 20% 더 많이 기억해 냈다(세르주 시코티, 2006: 62-63).

강의 시 손을 어떻게 할 것인가?

첫째, 손바닥을 보여라.

대화를 할 때 손바닥을 내보이면 솔직하고 믿을 수 있는 사람이라는 인상을 준다. 손바닥을 내보이는 것이 습관이 되면 거짓말을 하는 빈도가 줄어든다고 한다.

손바닥을 이용한 지시동작은 손바닥을 위로 향한 자세, 아래로 향한 자세, 그리고 손가락질 하는 자세 등 3가지가 있을 수 있다.

손바닥을 위로 향한 자세는 복종적 · 비위협적인 자세로, 거리에서 구걸하는 모습을 연상시키고 무기가 없음을 나타내 보이는 자세이기도 하다. 그래서 손바닥을 위로 향하는 자세로 지시를 내리면 강요받거나 위협을 당한다는 느낌을 받지 않는다. 이것은 권한을 위임한다는 것을 의미한다.

손바닥을 아래로 향하면 권위를 나타낸다. 그런 자세를 취하면 상대는 상하관계에 따라 명령받는다고 느끼게 되어 적대적인 감정을 갖게 된다.

주먹을 쥐고 손가락 하나만 내밀어 가리키는 자세를 취할 경우, 앞으로 내민 손가락이 몸둥이를 상징하게 되어 상대를 때려서라도 명령에 따르게 하겠다는 뜻을 나타낸다. 손가락질을 하는 자세는 말을 할 때 특히 손가락이 말하는 사람의 말에 속도를 맞춰 움직일 때 불쾌감과 짜증스러움을 불러일으키기 쉽다.

앨런 피즈 · 바바라 피즈(2005: 46-47)는 8명의 강사에게 앞에서 살펴본 3가지 동작을 하면서 10분간 강연을 하게 한 후 청중이 어떻게 반응하는가를 녹화한 비디오테이프를 통해 관찰하였다.

이 실험을 통해 손바닥을 위로 향하는 자세를 주로 취한 강사들은 청중의 84%가 긍정적인 평가를 한 반면, 똑같은 내용의 강연을 하면서도 손바닥을 아래로 향하는 자세를 주로 취한 강사들에 대해서는 청중의 52%만이 긍정적인 평가를 하였다. 그리고 손가락질을 하는 자세를 주로 취한 강사들에 대해서는 청중의

28%만이 긍정적인 평가를 했고, 심지어 몇몇 청중들은 강연 도중에 자리를 박차고 나가기까지 했다. 그 동작을 취한 강사의 강연 내용도 제대로 기억하지 못했다.

둘째, 손을 쭉 펴라.

강의를 할 때는 교수자와 학생의 간격이 생긴다. 교수자는 그 간격을 좁혀야 한다. 이를 위해서 팔을 쭉 펴 보자. 팔을 쭉 펴면 의사소통의 가장 보편적인 형태인 악수 자세가 나온다. 악수는 중세시대에서 기원되었다고 한다. 당시 사람들은 오른손으로 검(劍)을 잡았다. 따라서 사교의 장에서 아무것도 잡지 않은 손을 쭉 내미는 동작은 무장하지 않았다는 의미였다. 손을 펴는 것은 싸우러 온 것이 아니라는 신호였던 것이다. 그 후 이 동작이 수백 년 동안 사용되면서 지금과 같은 악수 동작이 되었다.

강의를 할 때는 교수자와 학생 사이의 거리 때문에 학생이 교수자를 따라서 팔을 내미는데는 무리가 있다. 그러나 교수자가 팔을 쭉 펴면 학생들은 분명히 유대감을 느낄 것이다.

팔을 쭉 뻗고 나서 손바닥이 보이도록 모든 손가락을 펼쳐라. 청중과 악수한다는 생각으로 팔을 펼쳐라. 팔을 뻗는 동작과 다른 손짓을 적절하게 섞어서 사용하자. 때에 따라서 왼쪽 팔을 뻗거나 오른쪽 팔을 뻗거나 양팔을 동시에 뻗어보자.

"수익이 상승하고 있습니다."라는 말을 할 때는 손가락을 추켜

들고 팔을 쭉 올리자. “비용을 삭감하고 있습니다.”라는 말을 할 때는 손가락을 아래로 향하고 팔을 쭉 내리자. “세계 시장에 진출할 기회입니다.”고 할 때는 양팔을 활짝 벌리자.

팔을 뻗는 동작은 모든 시각적 요소를 언어적 요소와 연결시킨다(제리 와이즈먼, 2010: 45-151).

셋째, 손동작을 먼저 하라.

손동작은 청중들의 관심을 모으고, 대화에서 중요한 내용을 강조하며, 제시된 정보를 보다 잘 기억하게 하는데 도움을 준다. 이리하여 강의 시에 교수자는 말과 손동작을 적절히 사용해야 한다.

말과 손짓은 시간상 동시에 나오지만, 손짓을 한 다음에 말을 하는 것이 좋다. 그렇게 함으로써 학생들이 교수자의 말에 집중하게 된다. 다음과 같은 단어를 말하기 전에 제스처를 먼저 해 보자(로먼 브라운, 2009: 95-96).

- 자신: 오른 팔로 자기를 가리킨다.
- 청중: 손바닥을 위로 향하게 하여 두 손으로 청중을 가리킨다.
- 다른 사람들: 한 손으로 문을 가리킨다.
- 큰: 손으로 넓은 간격을 암시한다.
- 작은: 엄지와 검지로 좁은 간격을 암시한다.
- 생각하기: 오른손으로 머리를 가리킨다.
- 느끼기: 오른쪽 손바닥을 복강에 얹는다.

넷째, 손으로 만지작거리지 말라.

손에 들고 있는 물건을 강의시간 내내 만지작거리는 교수자가 있다. 마커펜이나 포인터를 손에 들고 강의를 할 경우 그것을 만지작거린다. 그러한 행동을 보는 청중은 신경이 분산되어 강의에 집중하기 어렵다. 눈이 그쪽으로 집중되어 정작 강의내용을 놓치게 된다. 그것을 강의실 바닥에 떨어뜨리기라도 하면 소리가 나서 강의 분위기를 망칠 뿐만 아니라, 교수자는 그것을 집기 위해 학생들 앞에서 몸을 구부려야 한다. 시간이 낭비될 뿐만 아니라 그곳으로 학생들의 시선을 끌게 되어 집중력을 분산시킨다.

또한 손으로 자신의 코나 귀 · 머리 · 얼굴 등 신체의 일부 또는 옷을 만지는 교수자가 있다. 그러한 행동 역시 학생들의 집중력을 분산시킨다. 아울러 학생들이 보기에는 준비가 소홀하고, 자신감이 없고 소심한 사람처럼 보인다.

절대로 불필요한 행동을 해서는 안된다. 학생들에게 있어서 강의시간은 무엇보다 소중한 시간임을 명심하자.

다섯째, 뒷짐 지지 말라.

2009년 2월 김수환 추기경이 선종했을 당시 현직 대통령은 두 손을 모으고 조문하는 것과는 대조적으로, 한 전직 대통령은 뒷짐을 지고 조문하여 구설수에 올랐다. 당시 언론은 '뒷짐 조문'을 고인에 대한 결례로 보도하면서 전직 대통령으로서 사려가 깊지 못한 자세를 비난했다.

어느 문화에서든 뒷짐은 바람직한 인간의 자세로 보이지 않는다. 뒷짐은 남이 가까이 오지 않기를 바라는, 말하자면 타인의 접근을 거부하는 동작이다(긴바 와타루, 2006: 105). 학생들 앞에서 뒷짐을 지고 있다는 것은 거만함과 상대에 대한 경시, 접근 금지를 알리는 태도로 이해할 수 있다. 어떤 경우라도 교수자는 학생들 앞에서 뒷짐을 지는 일이 없어야 한다.

여섯째, 팔짱끼지 말라.

팔짱은 거부를 나타낸다. 팔짱은 몸의 앞면에서 강력한 방어벽을 만듦으로써 타인을 자신의 영역으로 들어오지 못하게 하는 자세이다(긴바 와타루, 2006: 104).

팔짱을 끼는 동작은 기억에도 영향을 미친다는 연구결과가 있다. 실험대상자를 두 부류로 나누고 실험을 하였다. 첫 번째 집단에게는 팔짱을 끼지 않은 편안하고 자연스런 태도로 강연을 들으라고 한 다음 강연이 끝난 후 그 내용을 얼마나 기억하고 있고, 강사에 대해 어떤 인상을 받았는지를 질문하였다. 두 번째 집단에게는 팔짱을 단단히 끼고 강연을 들으라고 하였다. 그 결과, 팔짱을 끼고 강연을 들은 집단은 그렇잖은 집단보다 강연 내용에 대한 기억이 30%나 떨어진 것으로 나타났다. 뿐만 아니라, 강연 내용과 강사에 대해 부정적인 의견이 더 많았다(앨런 피즈 · 바바라 피즈, 2005: 95).

15. 경청하기

정말로 경청하는 사람은
자기 자신을 접어 두고 경청한다.
- 서양 속담 -

사람들은 대화를 할 때 상대방의 말을 듣기보다는 자기의 말을 더 많이 하려고 한다. 상대방이 말을 하는 중간에 말을 자르고 끼어들기도 한다. 자기주장은 열심히 하는데 남의 주장을 들으려고 하지 않는다. 특히 이해관계가 걸린 일이 생겼을 땐 일방적인 자기주장을 하기가 일쑤다. 교통사고가 나면 목소리 큰 사람이 이긴다는 생각에 목청 높여 자기주장만 한다. 남의 이야기를 잘 들어야 한다. 그리고서 자기와 견해가 다른 부분이 있으면 반박해야 한다. 남의 말을 경청하자. 경청하는 것은 상대를 존중하는 것이다. 서양 속담처럼 진정한 경청은 자기 자신을 접어 두고 상대의 말을 잘 듣는 것이다. 나는 남의 말을 얼마나 경청하며, 경청 스타일은 어떠한가?

남의 말에 귀 기울이자

미국의 한 쇼 프로그램에서 초등학생을 초대하여 인터뷰를 하였다(왕샹둥, 2010: 97-98).

"우리 어린이는 자라서 무슨 일을 하고 싶어요?"

"파일럿(pilot)이요!"

"만일 태평양 한 가운데를 지나가고 있는데 비행기 연료가 다 떨어지면 어떻게 하죠?"

아이는 잠시 생각하더니 대답하였다.

"비행기 안에 있는 사람들에게 안전벨트를 단단히 매라고 한 후에 저는 낙하산을 타고 밖으로 나올 거여요."

순간 관중석이 웃음바다가 되었다. 방청객 중 어떤 사람은 미간을 찡그리며 "아휴, 저런 나쁜 녀석!" 하며 혀를 찼다. 사회자는 아이가 방청객들에게 커다란 호응을 얻어낸 것에 대해 의기양양해 하고 있는지 살폈다. 하지만 뜻밖에도 아이의 눈에는 눈물이 그렁그렁 맺혀 금방이라도 떨어질 것 같았다. 그제서야 사회자는 아이가 방청객들의 반응에 당황해 하며 마음 아파하고 있음을 깨달았다. 사회자는 다정하게 아이에게 물었다.

"왜 그렇게 하는 거죠?"

아이는 진지하게 대답했다.

"연료를 구해 오려구요."

그 대답에 방청객들은 아이의 천진함을 오해했다는 것을 알았다.

말은 끝까지 다 들어봐야 한다. 이것이 바로 경청의 기술이다.

탈무드에는 이런 말이 나온다.

"인간은 입이 하나 귀가 둘 있다. 이는 말하기보다 듣기를 두 배 더 하라는 뜻이다."

성공의 언어에는 7:3 대화법이 있다. 상대가 7을 말하게 하고, 자신은 3을 말하는 것이 대화의 황금률이라는 것이다(도미타 타카시, 2008: 28). 서로 5:5로 말하는 것이 황금률이 아닌가 생각할 수도 있겠지만, 나보다 상대방이 말을 더 많이 하도록 만드는 것이 궁극적으로 자신에게 유리한 상황을 만들어 낸다. 상대에게 말할 기회를 더 많이 만들어줄 줄 아는 사람은 대화 상대로서 인기가 높다. 그런 사람과 얘기하면 대화가 즐거울 수밖에 없다. 자신을 배려해 주고 자신에게 더 많은 발언권을 주는 사람을 누가 싫어하겠는가.

말을 더 많이 하려고 나서거나 상대가 하는 말을 잘라먹고 자기 말을 하는 사람보다는 이야기를 잘 들어주는 사람을 좋아하는 게 인지상정이다. 들어줄 때도 그냥 가만히 있는 것이 아니라 적절히 추임새도 넣고 맞장구도 치면서 들어야 더 신이 난다. 고개도 끄덕여 주고 상대의 이야기를 이해한다는 표정도 짓는 것이 좋다.

수업을 할 때도 고개를 끄덕이는 학생을 보면 기분이 좋아지고 신이 난다. 반대로 아무런 반응이 없는 청중들 앞에 서는 것은 지루하고 따분하기까지 하다.

우리가 커뮤니케이션을 위해 쓰고 있는 모든 시간을 분류하면 듣기가 45%, 말하기가 30%, 읽기가 16%, 쓰기가 9%를 차지한다고 한다(나이토 요시히토, 2007b: 87). 즉 커뮤니케이션에서 압도적인 부분을 차지하고 있는 것은 듣는 것이라 할 수 있다. 경청은 효과적인 수업을 위해 가장 중요한 기술의 하나이다. 적극적인 경청은 시간이 요구될 뿐만 아니라, 말하는 사람에게 집중할 것이 요구된다.

미국 텍사스 주에 있는 트리니티대학의 심리학자인 인만(M. L. Inman) 교수는 사람이 다른 사람의 말을 얼마나 정확하게 듣는지를 실험한 적이 있다. 그 결과, 실험 참가자들은 필요 이상의 의견을 덧붙이거나 모순이 있는 정보를 무시하는 등 남의 말을 있는 그대로 듣지 못했다. 예컨대, 말하는 사람이 "…라는 것도 충분히 생각해 볼 수 있다."라고 말해도 듣는 사람은 "…가 틀림없다."라거나 "분명 …이다."라는 단정적인 표현으로 바꿔 놓았다(나이토 요시히토, 2007b: 62).

이제 자신이 얼마나 잘 듣는 사람인지를 측정해 보자. 자신의 경청지수(Listening Quotient: LQ)를 알아보기 위해 다음 목록을 작성해 보자.

표 5 **경청지수**

번호	내 용	척도(점수)		
		항상 (5)	가끔 (8)	드물게 (10)
1	나는 사실만을 듣는다.			
2	나는 메모를 자주 한다.			
3	나는 지루해지면 관심을 끊어버린다.			
4	나는 발표자의 스타일에 비판적이다.			
5	나는 주의가 산만한 편이다.			
6	나는 말에 대해 감정적으로 반응한다.			
7	나는 발표자의 말을 도중에 끊는다.			
8	내가 대답할 내용을 머릿속으로 연습한다.			
9	나는 다른 일 때문에 바쁠 때도 들으려고 노력한다.			
10	내가 제대로 이해했는지 확인하지 않고 대답한다.			

＊ 출처: 다이앤 디레스터(2006: 122).

각 문항에 대해 항상 그러할 경우 5점, 가끔 그러할 경우 8점, 거의 그렇지 않을 경우 10점으로 산정하여 합산해 보라.

합산 결과, 90점 이상이면 훌륭한 경청자다. 다른 사람의 말을 매우 잘 듣는 사람이라 할 수 있다.

80~89점이면 잘 듣는 편이지만, 좀 더 인내를 가지고 다른 사람의 말을 잘 들으려고 노력하면 훌륭한 경청자가 될 수 있다.

80점 미만인 사람은 자기 말을 삼가고 다른 사람의 말을 귀담아 듣는 훈련을 많이 해야만 훌륭한 경청자가 될 수 있다.

경청 스타일

사람들의 경청 스타일이 다양한데, 왓슨 외(Watson et.al., 1995)는 그것을 네 가지로 구분하였다. 사람지향적(people-oriented) · 행동지향적(action-oriented) · 내용지향적(content-oriented) · 시간지향적 청중(time-oriented listener)이 그것이다.

사람지향적 청중은 다른 사람에 대해 관심을 갖는다. 그들은 다른 사람이 제기한 어떤 문제에 어떻게 반응할 것인가를 생각한다. 그들은 흔히 개인적인 판단을 하지 않으며 다른 사람들과의 관계를 구축하는데 관심이 있다. 그들은 화자에게 명확한 언어적 및 비언어적 피드백을 제공한다. 다른 사람의 결점을 보지 못한다는 부정적 특성이 있다. 때때로 이러한 유형의 청중들은 자신의 피드백에서 지나치게 표현적일 수 있다. 그것으로 인해 발표자는 질의응답 시간에 아주 당황스러울 수 있다.

행동지향적 청중은 발표자가 빨리 요점을 말하기를 바란다. 그들은 자신이 기대하는 바를 발표자에게 신속하게 이야기하고 화자가 짜임새 있고 간결하게 표현하도록 요구한다. 아울러 그들은 자신이 들은 메시지 내용에 있어서 모순되는 점이 무엇인지를 빨리 인식한다. 발표자가 두서없이 말한다고 느끼면 참지 못한다. 그들은 말도 안되는 것 같은 질문을 하기도 한다.

내용지향적 청중은 기술적 정보에 가치를 둔다. 그들은 명확성과 이해를 도모하기 위한 시도에 끊임없이 귀 기울일 것이다. 또한 복잡하고 도전적인 정보를 가치있게 여긴다. 이러한 청중 유형의 부정적인 면은 전문가로부터 나오지 않은 정보를 인정하지 않는 경향이 있다는 것이다. 이러한 유형의 청중을 위해서는 강의 서두에 교수자의 전문성을 이야기함으로써 강의를 잘 들을 수 있도록 하는 것이 중요하다.

시간지향적 청중은 특히 시간을 절약하는 것에 신경을 쓴다. 그들은 규칙적으로 시계를 보는 경향이 있다. 이러한 경향은 발표자로 하여금 말을 빨리 하게 한다. 효율성과 시간을 중시하는 반면, 시간에 대한 압박감 때문에 창조력을 발휘하지 못한다. 또한 인간관계를 망치거나 경시하기 쉽다.

자신은 어떤 유형의 청자인지 측정해 보자. 다음 내용을 읽고 해당되는 란에 체크하라.

표 6 경청 스타일 측정

번호	내용	⑤ 항상 그렇다	④ 자주 그렇다	③ 보통 이다	② 가끔 그렇다	① 전혀 그렇지 않다
1	상대방의 말을 들을 때 그 사람의 느낌에 주의를 기울인다.					
2	상대방의 말을 들으면 기분이 좋은지 그렇지 않은지를 금방 알아차린다.					
3	상대방이 자기 문제를 털어 놓을 때 그 사람의 말에 금방 집중한다.					
4	새로 알게 된 사람의 말을 들을 때 공동 관심사를 찾으려고 노력한다.					

5	다른 사람이 말을 할 때 눈짓이나 고갯짓으로 관심을 표현한다.					
6	다른 사람이 자기 생각을 조리 있고 효과적으로 표현하지 못하면 답답하다.					
7	다른 사람의 말을 들을 때 내용의 불일치나 모순점에 집중한다.					
8	말하는 사람의 생각을 건너뛰거나 예단한다.					
9	대화 도중 곁가지를 치며 다른 이야기를 꺼내는 사람이 정말 싫다.					
10	말하는 사람이 빨리 요점에 도달할 수 있도록 질문을 던진다.					
11	이야기를 다 듣고 나서야 판단을 하거나 의견을 내놓는다.					
12	기술적인 정보를 선호하는 편이다.					
13	의견이나 주장보다는 내가 직접 판단 · 평가해 볼 수 있는 사실이나 증거를 듣고 싶어한다.					
14	복잡한 정보를 듣는 게 즐겁고 좋다.					
15	추가적인 정보를 알아내기 위해 질문을 던진다.					
16	바쁠 때면 이야기를 들어줄 시간이 한정돼 있음을 상대방에게 알린다.					
17	토론을 시작하기 전에 얼마나 오래 기다렸는지부터 말한다.					
18	시간이 없다 싶으면 상대방이 말을 하는 도중에라도 끼어든다.					
19	시간이 없다 싶으면 상대방이 말을 하고 있어도 시계를 본다.					
20	시간의 압박을 느낄 때면 다른 사람의 말에 대한 집중력이 떨어진다.					

* 출처: 래리 바커 · 키티 왓슨(2006: 85-87).

자신의 경청 스타일을 알아보기 위한 점수를 체크해 보자.

【 점수 】

- 1~5번 문항에 ④ 혹은 ⑤를 표시한 횟수:
  사람지향적 ________
- 6~10번 문항에 ④ 혹은 ⑤를 표시한 횟수:
  행동지향적 ________
- 11~15번 문항에 ④ 혹은 ⑤를 표시한 횟수:
  내용 지향적 ________
- 16~20번 문항에 ④ 혹은 ⑤를 표시한 횟수:
  시간 지향적 ________

어떤 항목에서 가장 높은 점수를 얻었는가?

각자의 듣기성향 프로파일에 표시된 숫자는 당신이 그런 성향을 얼마나 강하게 갖고 있는지를 보여준다.

- 4~5점 : 강한 성향
- 3점 이하 : 보통 성향
- 1~2점 : 약한 성향
- 0점 : 성향 없음

두 개 이상의 항목에서 높은 점수(4~5점)를 얻었다면 당신은 복합적 듣기 성향을 갖고 있다.

모든 항목에서 0점을 얻었다면 당신은 듣기 자체를 회피하고 있을 가능성이 농후하다.

STUDY

16. 학습자 규모와 교수법

나는 코치로서 11명이 개인적으로 최고의 기량을 발휘하게 하는 것이 아니라,
11명이 한 팀으로 최고의 기량을 발휘하게 한다.
– 크누트 라크니 –

학생들에게 조별과제를 내주면 열심히 하는 학생은 온 힘을 기울이는데, 일부 학생들은 대충 묻어가는 경우가 많다. 소위 20:80의 법칙이 적용되는 것이다. 열심히 과제를 해결하는 20%의 학생이 나머지 80% 학생들의 과제를 처리해 준다.

사람 수에 따라 행동이 달라진다. 따라서 학생 수에 따라 교수법이 달라야 한다. 학생 수가 많지 않을 때는 학습자 중심의 교수법이 가능하다. 학생 수가 많을 때는 학습자 중심의 교수법이 가능하지 않고, 전체 학생들을 대상으로 하는 교수자 중심의 강의를 해야 할 것이다. 크누트 라크니가 말한 대로, 개인적으로보다는 팀이 최고의 기량을 발휘하도록 하는 것이 교수자의 역할이라 할 수 있다.

집단규모에 따라 행동이 달라진다

1964년 3월 13일 오전 3시 15분경에 캐서린 수잔 제노비스(Catherine Susan Genovese)는 자기가 살던 아파트에서 30미터쯤 떨어진 곳에 차를 세웠다. 이때 한 남자가 다가와 그녀의 등을 두 번 찔렀다. 그녀는 비명을 질렀고 그 소리를 들은 아파트에 살고 있는 사람들은 불을 켰다. 어떤 사람이 "그녀를 내버려 둬!"라고 소리쳤고, 남자는 도망갔다. 이웃집의 불들이 다시 꺼지고 제노비스는 다친 몸을 이끌고 집으로 천천히 돌아가기 시작하였다. 약 10분이 지난 뒤 그 남자가 다시 돌아왔다. 건물 뒤쪽에 쓰러져 있는 그녀를 발견한 남자는 그녀를 다시 공격하였다. 약 30분간 총 3번의 공격이 있었고, 제노비스는 병원으로 실려가는 도중 사망했다.

제노비스가 살해되는 장면을 목격한 사람들이 있었으나 어느 누구도 그녀를 구하려고 하거나 경찰에 신고도 하지 않았다. 심리학자들은 이를 책임분산 효과와 방관자 효과(bystander effect)로 설명한다. 책임분산이란 여러 명이 있을 경우 사건이 일어났을 때 개인의 책임이 분산된다는 것이고, 방관자 효과란 일어나고 있는 현상에 대해 아는 것이 없고, 이 현상을 더 잘 알고 있을 것이라고 생각되는 주변의 사람들이 별다른 행동을 취하지 않기 때문에 문제상황이 아니라고 판단하여 자신도 행동하지 않게 되는 것을 말한다. 이를 종합해 보면, 제노비스 사건에서 목격자들이 신고하지 않은 이유는 자신이 그녀의 안전을 직접적으로 책임지고 있지 않고, 다른 사람들이 별다른 행동을 하지 않는 것으로 보아 별로 문제가 되지 않는 상황이라고 생각하기 때문이다.

1975년에 행한 해리스(Harris) 등의 실험에서 한 여비서가 피험자들에게 어떤 방에서 설문지를 작성하라고 하고 바로 옆에 있는 자신의 사무실로 돌아갔다. 여러 조건에 따라서 피험자는 때로는 혼자, 때로는 한 명의 피험자와 함께, 때로는 다른 네 명의 피험자와 함께 그 방에 있었다. 시간이 지나고 나서 여비서의 사무실에서 갑자기 비명소리가 들렸다.

그 결과 피험자들이 혼자 있었을 때는 85%가 비명 소리가 들리고 나서 1분이 지나기 전에 그 상황에 개입하였으나, 피험자 수가 많아질수록 개입하는 수가 줄어들었다. 도우러 간다고 하더라도 그것을 행동으로 옮기기까지는 시간이 점점 오래 걸렸다(세르주 시코티, 2006: 60-61).

표 7 개입하는데 걸리는 시간

	개입하는 피험자의 비율(%)	개입하는데 걸리는 시간(초)
혼자일 때	85	52
2명일 때	62	93
5명일 때	31	166

또 다른 연구에서도 어려운 상황에 처한 사람에게 도움을 주는 행위를 하기까지 걸리는 시간은 그 자리에 다른 사람들이 몇 명인가에 따라 달라진다는 것이 밝혀졌다.

두 명(간질발작을 일으킨 사람과 자기 자신)이 실험에 참가하고 있다고 할 때 실험 대상자들의 100%가 간질발작이 발생한 지 평균 52초 후에 그 사실을 알려왔다. 세 명(간질발작을 일으킨 사람과 또 한 명의 실험 대상자 그리고 자기 자신)이 실험에 참가할 경우 실험 대상자들의 85%가 간질발작이 발생한 지 평균 93초 후에 발작 사실을 알려왔다. 여섯 명(간질발작을 일으킨 사람을 포함한 다른 네 명의 실험 대상자와 자기 자신)이 실험에 참가할 경우 실험 대상자의 62%가 간질발작이 발생한 지 평균 166초가 지나서 그 사실을 알려왔다(베아트 샬러, 2004: 218-219).

여럿이 있을 때 누군가에게 책임을 지우게 되면 책임감이 높아진다. 이것을 일관성의 원리라 한다.

미국의 심리학자 로버트 치알다니(Robert Cialdini) 박사는 자신의 저서 『설득의 심리학』에서 일관성의 원리를 알아내기 위해 다음과 같은 실험을 했다.

한 청년이 서로 모르는 사람 옆에 카세트를 틀어놓은 채 일광욕을 즐기다가 바닷물에 뛰어든다. 얼마 후엔 도둑역할을 맡은 사람이 그 청년의 카세트와 옷가지 등 소지품을 챙겨 슬그머니

달아나도록 했다. 그러자 누가 봐도 도둑이 분명함에도 총 20회의 실험 중 불과 4명만이 그 도둑을 잡으려고 시도했다는 결과가 나왔다.

똑같은 상황에서 이번엔 청년이 바닷물에 뛰어들기 전 옆 사람에게 "제 물건 좀 봐 주세요."라고 부탁을 한다. 그랬더니 놀랍게도 거의 전부라 할 수 있는 19명의 사람이 도둑을 잡으려고 어떤 형태로든 도둑과 맞섰다는 것이다. 이는 자신이 부탁을 받고, 지켜 주겠다고 약속한 만큼 자기 말의 일관성을 유지하기 위해 노력한 결과라 할 수 있다.

시너지 효과, 링겔만 효과

어떤 일을 여럿이 할 때 어떤 경우에는 효과가 높은 반면, 어떤 경우에는 효과가 혼자 했을 때만 못한 경우도 있다. 이것을 시너지 및 링겔만 효과로 설명할 수 있다.

시너지(synergy)란 말은 '함께 일하다(working together)'를 의미하는 그리스어의 수너고스(synergos)에서 연원되었다. 둘 이상의 서로 다른 개체가 힘을 합쳐서 둘이 지닌 힘의 단순한 합보다 더 큰 힘을 내는 것을 말한다. 구성요소 전체가 가져오는 효과는 그 요소 각 부문들의 효과를 단순히 합한 것보다 큰 것으로 1+1=2가 되는 것이 아니라, 그 이상인 3 또는 4가 되는 원리를 가리키는 것이다.

1898년에 인디애나대학의 심리학 교수인 로르만 트립렛(Norman Triplett)은 사이클 경기에서 여러 명이 동시에 출발하는 기록이 개인 독주 기록보다 좋다는 사실을 발견하였다. 그는 통제된 어학실습실에서의 실험에서 이러한 효과를 활용하여 아이들은 혼자서 수행할 때보다 짝을 지어 수행할 때 간단한 어학학습을 더 잘 수행한다는 결론을 내렸다.

협력과 상호 보완을 통해 1+1을 2 이상으로 만드는 것이 시너지 효과(synergy effect)라면, 1+1이 2가 되지 못하는 경우도 있다. 즉 혼자서 일할 때는 100의 역할을 하는 구성원이 집단 속에서 함께 일할 때 이에 미치지 못하는 성과를 내는 현상이 발생하는데, 이를 링겔만 효과(Ringelmann effect)라 한다.

1913년 독일 심리학자 링겔만(M. Ringelmann)은 줄다리기를 통해 집단에 속한 각 개인들의 공헌도 변화를 측정하는 실험을 했다. 개인이 당길 수 있는 힘의 크기를 100으로 보았을 때, 2명, 3명, 8명으로 이루어진 각 그룹은 당연히 200, 300, 800의 힘이 발휘될 수 있을 것으로 기대되었다. 그러나 실험 결과에 따르면, 2명으로 이루어진 그룹은 잠재적인 기대치의 93%, 3명 그룹은 85%, 그리고 8명으로 이루어진 그룹은 겨우 49%의 힘의 크기만이 작용한 것으로 나타났다.[9)]

라탄 외(Latané, et. al., 1979)는 사람들을 모아 되도록 힘껏 박수를 치고 소리를 질러보라고 하였다. 연구팀은 피험자들의 수를 다양하게 바꾸었다. 첫 번째 상황에서는 피험자가 단 한 명뿐이었고, 나머지 세 번의 상황에서는 각각 2명, 4명, 6명으로 그룹을 지었다. 박수와 고함소리는 녹음되었다.

이 실험은 피험자들의 눈을 가리고 외부의 소리를 차단하는 헬멧을 쓰고 혼자 또는 여러 명과 함께 있는 것으로 믿게 하면서 재현되었다. 피험자들의 임무수행 성적은 자기가 고함을 지를 때 자신과 함께 고함을 지를 사람이 몇 명이라고 생각하느냐에 따라 달라졌다. 자기 혼자 고함을 지른다고 생각했을 때 점수가 가장 높았고, 고함을 지르는 사람이 자기 외에 한 명 더 있다고 생각했을 때 점수가 약간 낮았으며, 6명이 함께 있다고 생각했을 때는 현저히 낮았다.

학생 수에 따라 교수법이 다르다

사람 수에 따라 일의 효과가 다르게 나타나기 때문에 학생 수에 따라 교수방법이 달라져야 한다.

30명 미만일 경우에는 교수자가 보다 많은 융통성을 갖게 된다. 비교적 무형식적인 수업이 이루어지며, 모든 학습자들과 일대일의 공감대(rapport)를 형성하고 눈맞춤을 할 수 있는 기회가 많아진다.

10명 정도일 경우에는 보다 계획적인 활동이 요구되는데, 집단활동이 학습에 도움이 된다. 3~6명으로 구성된 집단의 경우에는 교수자와 학습자가 매우 친교적이고, 분위기가 이완되며, 학습자들이 수업의 속도와 형식을 정할 수 있다. 학습자가 별로 많지 않고, 반드시 연단에 서야 할 명백한 이유가 없다면 연단에 서지 말고 학습자들과 같은 높이로 내려와 그들 가까이에 서는 것이 좋다. 정형화된 틀을 깨고 친근하게 접촉하라. 자연스럽게 대화하는 것처럼 만들어라.

30~50명으로 구성된 학습자 집단은 융통성이 적어진다. 학습자들 모두에게 관심을 가질 기회가 그만큼 줄어든다. 이러한 상황에서는 주의집중이 떨어지고 딴 생각을 하는 사람들이 늘어난다. 집단토론이 필요한 경우에는 학습자들을 5~10개의 소그룹으로 재편성해야 한다.

50명 이상이 되면 모든 학습자들과 눈맞춤이 어렵고, 마이크를 사용해야 참여자들 모두가 잘 들을 수 있다. 이 경우에는 이동할 수 있도록 하기 위해 옷깃에 꽂는 소형 마이크를 사용하는 것이 좋다.

청중은 군중의 한 사람이 되면 개별적으로 있을 때보다 훨씬 더 쉽게 동요하게 된다. 청중이 적을 경우 아무런 느낌도 없을 얘기에도 웃음을 터뜨리고 환호한다. 청중이 흩어져 있으면 수업을 하기 전에 가까운 곳으로 이동해 앉으라고 요청하라.

17. 공감대 형성하기

다른 사람의 말을 신중하게 듣는 습관을 기르고,
말하는 사람의 마음속으로 빠져들도록 하라.
- 브레인 리 -

대화에 있어서 공감대를 형성하느냐 그렇지 않느냐에 따라 대화의 흐름이나 지속성 여부가 결정된다. 공감대는 마음이 통하는 상태를 말한다. 화자의 말을 신중하게 듣고 그의 마음속으로 빠져들 때 공감대가 형성된다. 그렇지 않으면 만남 자체가 지겹다. 자신을 이해하는 사람과는 마음이 통하게 된다. 그러한 사람과는 아무리 오랜 시간을 같이 있어도 헤어지기 싫어진다.

수업에 있어서도 교수자와 학습자의 공감대 형성이 수업의 성공을 결정한다. 교수자와 학습자의 공감대가 형성되면 수업이 즐겁고 집중력이 높아진다. 수업의 효과를 높이기 위해서는 구성원들 간의 공감대 형성이 필수적이다. 어떻게 하면 수업 중에 교수자와 학습자가 공감대를 형성할 수 있을까?

공감대는 청중을 접착시키는 아교

많은 사람들은 아직도 1960년 미국 선거기간 중에 있었던 케네디와 닉슨의 토론에 대해 기억하고 있을 것이다. 케네디가 승리한 이유 중 하나는 그가 텔레비전을 통해서 그를 지켜보던 청중들과 공감대를 형성할 수 있었기 때문이다. 1992년 선거에서 빌 클린턴 역시 미국 국민들과 공감대를 형성하기 위해서 엄청나게 노력했다.

변호사이자 레이건과 부시 행정부의 각료였던 엘리자베스 돌(Elizabeth Dole)은 놀라운 연사이다. 그녀가 가진 특별한 능력은 청중들 한 사람 한 사람이 그녀를 자신의 오랜 친구처럼 생각하도록 하는 것이다. 중요한 것은 그녀가 청중들과 공감대를 형성할 줄 안다는 것이다. 1996년에 공화당 전국대회에서 연설할 때 청중들과 깊은 공감대를 형성한 그녀를 사람들은 자신들의 오랜 친구라고 느꼈다. 그녀의 남편인 밥 돌(Bob Dole)도 대통령 경선에 나설 공화당 후보로서 그날 전국대회에서 연설을 했다. 사람들은 두 사람의 연설능력이 현격한 차이가 있다는 것을 느꼈다. 선거운동기간 내내 그는 사람들과 공감대를 형성하지 못한 것으로 보였다.

공감이란 상대방의 심리를 정확하게 읽어내는 것을 말한다. 공감능력이 높을수록 상대방의 숨결을 들을 수 있고 이심전심으로 마음이 통한다.

중국 청나라에 화신(和伸)이란 사람이 있었다. 건륭황제는 화신을 20년간 총애하였다. 화신의 공감력이 뛰어났기 때문이었다. 그는 건륭황제의 마음을 꿰뚫고 있어서 시험문제에 무엇이 나올 것인지를 맞추기도 하였다.

순천 향시 때 『사서』의 시험문제는 먼저 황제가 칙명하면 조정에서 이를 받아 『사서』의 일부를 황제에게 바치면 황제가 그중 시제를 출제하여 다시 조정에서 알려주는 방식이었다. 한번은 건륭황제의 시제를 받아들고 조정으로 가던 내시(內侍)가 도중에 화신과 마주치게 되었다. 시제에 대해 은근히 묻는 화신에게 내시는 "폐하께서 『사서』 1권을 펼쳐 보시더니 어느 한 곳을 보시고는 미소를 지으시며 시제를 적으셨지요."라고 말해 주었다. 화신은 곰곰 생각하였다. 황제께서 미소를 지으셨다고? 순간 화신은 무릎을 쳤다. 분명 을선(乙酰) 파트다! 마침 향시 시험기간이 을유(乙酉)해였는데 을선에서는 을유라는 한자가 포함되어 있다. 화신은 이 사실을 제자들에게 전해주었고, 시험문제는 화신의 짐작대로 을선 파트에서 출제되었다(왕상둥, 2010: 28).

상호작용하는 사람들 사이에 친밀감 · 유대감 · 친근감이 형성되었을 때 공감대가 형성되었다고 말한다. 즉 마음이 서로 통한다, 무슨 일이라도 털어놓고 말할 수 있다, 말한 것이 충분히 이해된다고 느끼는 관계를 말한다. 공감대를 의미하는 '래포(rapport)'란 말의 어원은 '되찾다(bring back)'를 뜻하는 불어의

'rapporter' 인데, 이것은 사람들 사이의 조화로운 일치나 관계를 가리킨다.

공감대는 상호신뢰, 조화와 이해의 지속적인 관계를 구축하는 과정이다. 이것은 말의 단서, 눈의 움직임과 보디랭귀지 등을 통해서 이루어진다. 공감대는 상호작용하는 사람들 사이에 사고방식을 동일하게 하고 정신적 및 감정적으로 서로를 연결하는 것이다. 다시 말해서, 공감대는 사람들의 마음을 하나로 묶는 끈이다. 이러한 끈으로 마음이 묶이게 되면 신뢰와 존경의 분위기를 구축하게 된다. 공감대는 다른 사람들의 입장을 이해하고 수용하는 것으로부터 시작된다.

수업을 시작할 때 교수자와 학습자 간 공감대가 형성된다면 교수자는 학습자들에게 진정한 관심을 갖게 되고, 학습자들은 교수자가 말하는 것에 대해 적극적으로 반응할 것이다.

수업 중 공감대 형성하기

첫째, 개방적인 청취자가 되라.

사람들은 자신의 생각을 타인에게 적용하려는 경향이 있다. 이 때문에 다른 사람들도 자신과 똑같다고 생각하게 된다. 예컨대, 본인이 자주 거짓말을 하는 경우 상대방도 자신을 속이고 있다고 생각하게 되고, 자신에 대한 만족감이 높은 사람은 타인도 자신을 좋아할 것이라고 생각한다. 이러한 현상을 투사효과라 한다.

타인을 자신이 정한 틀 속으로 집어넣고 대화하고, 자신이 좋아하는 주제에서 벗어나는 것을 싫어한다. 자신이 좋아하는 사람을 믿고 그가 하는 이야기만을 좋아한다.

상대의 생각은 살피지 않고 자기 주장에만 매몰되면 환영받지 못한다. 대인관계가 실패하는 원인은 말을 잘하지 못하거나 해야 할 말을 하지 못해서가 아니라 너무 적게 듣거나 경청하지 않기 때문인 경우가 많다. 성공적인 대화는 상대의 말을 잘 듣는데서 출발한다. 상대가 하는 말이 자기 생각과 다르면 상대의 말을 가로막고 중간에 끼어드는 경우가 많다. 그렇게 할 경우 상대가 자기 생각을 버리고 자신의 의견에 동조하도록 만들 수 없다. 그러므로 인내심을 가지고 상대의 말을 끝까지 듣고 상대가 자기 생각을 충분히 말할 수 있도록 격려해야 한다.

둘째, 공통점을 찾아라.

사람은 서로 공통점이 있으면 마음이 열리게 된다. 처음 만나는 사람과 대화를 할 때 고향이나 출신학교 등이 같으면 동질의식을 갖게 된다. 동질의식은 공감대를 형성하는데 있어서 매우 중요하다.

상대가 좋아하는 것이 있으면 나도 그렇다는 것을 상대에게 알린다. 양쪽 모두 좋아하는 것이 같다면 화제의 폭이 넓어지고 빨리 가까워진다. 좋아하는 음식이 같은 것도 서로 가까워지는데 있어서 중요한 연결고리가 된다. "나는 시골에서 자라서……." 라고 상대방이 말했을 때 "나도 그렇습니다."하고 시골생활을 이야기하면 상대방은 마음을 열고 좀 더 적극적으로 대화를 하게 될 것이다.

같은 체험을 하면 공감대가 형성된다. 같은 영화를 보고 있는 관객들은 영화 속의 주인공과 같은 마음을 갖게 된다. 주인공과 관객이 혼연일체가 되어 스토리가 전개된다. 주인공의 일거수일투족에 웃기도 하고 울기도 한다. 이것이 공감이다.

수업을 할 때 교수자는 학생들과 공통점을 찾기 위해 노력해야 한다. 학생의 환경이나 살아온 배경에서도 공통점을 찾을 수 있다. 학생의 환경과 전혀 다른 상황에 대한 이야기를 한다면 학생들은 교수자의 이야기에 귀를 기울이지 않을 것이다.

셋째, 학생의 입장에서 생각하라.

상대방과 공감대를 형성하기 위해서는 상대방의 입장에서 생각하는 것이 중요하다. 모든 오해는 자기 자신의 입장에서 생각하고 행동하기 때문에 생기게 된다. 상대의 입장을 먼저 생각한다면 공감대를 형성할 수 있다.

유태인의 경전이라고 하는 『탈무드』에는 상대방을 생각하는 맹인의 이야기가 나온다(김진홍 역, 2010: 75).

한 사나이가 어둡고 좁은 산길을 걸어가고 있었는데, 마침 맞은 편에서 맹인이 등불을 들고 걸어오고 있었다. 이상하게 생각한 사나이가 맹인에게 물었다.

"당신은 앞을 보지 못하는 것 같은데, 왜 등불을 들고 다니지요?"

그러자 맹인은 이렇게 대답했다.

"내가 이것을 들고 걸어가면 눈뜬 사람들이 맹인인 내가 있다는 것을 알게 되어 부딪치는 일 없이 비켜가기 때문입니다."

수업을 할 때 교수자는 『탈무드』에 나오는 맹인과 같이 학생들의 입장을 먼저 생각하는 배려가 요구된다. 그랬을 때 학생들 역시 교수자를 이해하고 공감하는 부분이 많아지게 된다. 교수자가 자신의 생각을 학생에게 일방적으로 지시하여 따르도록 한다거나 학생의 이야기에 귀 기울이지 않는다면 공감의 폭이 좁아지게 되어 상호 간에 갈등만 증폭되게 될 것이다.

넷째, 고개를 끄덕여라.

교수자가 수업을 할 때나 학습자가 교수자의 질문에 답할 때 고개를 끄덕이는 행위는 상대방의 의견에 동조하는 표현이다. 이러한 행동을 '싱크로니(synchrony)'라 한다.

마타라초(J. Matarazzo)의 실험은 실제로 미국 포틀랜드시의 경찰관 및 소방대원 채용시험 현장에서 이루어졌다. 이 면접시험은 20명을 대상으로 1인당 45분간 이루어졌다. 45분을 15분씩 3단계로 나누고, 이력 · 학력 · 가족사항 등 3가지 항목에 대해 비지

시적인 스타일로 실시되었다. 면접을 치룰 때 첫 15분간 면접관은 지극히 자연스럽게 반응했고, 다음 15분간은 연신 고개를 끄덕이며 지원자의 이야기를 들었으며, 마지막 15분간은 전혀 고개를 끄덕이지 않았다. 이러한 상황에서 각 시간대별로 지원자의 발언시간을 측정하였다.

그 결과, 면접관이 연신 고개를 끄덕일 때는 지원자 20명 가운데 17명의 발언시간이 길어졌다는 것을 알 수 있었다. 이것을 통하여 마타라초는 발언시간이 길어진 것이 면접관이 고개를 끄덕였기 때문이라고 분석했다. 지원자는 면접관의 끄덕임을 자신에 대한 주목도가 높은 것으로 받아들였다(시부야 쇼조, 2003: 59).

격 려

일의 성취는 내적 동기에서 나온다. 학습자의 내적 동기를 이끌어 낼 수 있는 수업을 할 수 있다면 최고의 교수자다. 학습자를 존중할 때 내적 동기가 유발된다. 학습자에게 관심을 갖고 격려를 아끼지 않을 때 스스로 학습하고자 하는 동기가 유발된다.

18. 변화하기

우리가 삶에 대한 태도를 바꿀 수 있다면,
삶을 다른 시각으로 보고, 실제로 삶도 변화하게 될 것이다.
– 캐서린 맨스필드 –

우리는 하루가 다르게 변화하고 있는 시대를 살고 있다. 변화는 선택사항이 아니기 때문에 그것을 받아들이지 못하면 정글 속의 미개인처럼 진화되지 않은 삶을 살아야 한다. 변화하는 시대를 살아가기 위해서는 캐서린 맨스필드가 말했듯이, 우선적으로 자신의 삶의 태도를 바꾸는 것이 필요하다. 그렇게 된다면 삶에 대한 시각이 달라지고, 실제의 삶도 변화될 것이다.

변화가 비교적 더디다고 하는 교육계에 있어서도 많은 변화가 일어나고 있다. 물리적 교육환경은 물론이거니와 사람들의 사고와 특성이 달라지고 있다. 이러한 현실에 적응하지 못하면 교수자로서의 가치 있는 삶을 살아갈 수 없다. 과연 교수자는 어떤 방향으로 변화해야 할 것인가?

변화에 둔감하면 죽는다

세상은 멈출 줄 모르고 변해가고 있다. 그러한 사회변화에 민감하지 못하면 '삶은 개구리'가 되어 자신이 죽는 줄도 모르는 상태에서 최후를 맞게 된다.

미국 코넬대학에서 행한 개구리 실험은 변화에 둔감한 자의 말로를 생각하게 한다. 연구진은 건강한 개구리를 뜨거운 물이 담긴 비커에 넣었다. 그러자 개구리는 위협을 느끼고 밖으로 뛰쳐나오려고 안간힘을 썼다.

이번에는 개구리를 찬물에 담긴 비커에 넣고 서서히 가열하기 시작했다. 물이 뜨겁지 않은 것을 느낀 개구리는 한가롭게 헤엄을 치면서 아무런 반응도 보이지 않았다. 시간이 흐르고 물은 점점 뜨거워지는데, 개구리는 이 느린 변화를 느끼지 못했다. 급기야 개구리가 견딜 수 없을 정도의 온도까지 올랐다. 개구리는 한 번도 탈출하려는 시도를 하지 않은 채 죽고 말았다. 온도가 높지 않은 물에 개구리를 넣고 점차 가열하자 자신이 위기에 처한 줄도 모르고 죽어가는 현상을 '삶은 개구리 신드롬(boiled frog syndrome)'이라 한다(츠첸보, 2006: 62-63). 일명 변화무지 증후군 혹은 비전상실 증후군이라고도 한다.

프랑스 요리 중에 삶은 개구리 요리라는 것이 있는데, 이 요리는 바로 삶은 개구리 신드롬을 이용하여 즉석에서 이루어진다고 한다. 살아있는 개구리를 물속에 넣고 나서 서서히 온도를 높여 나가면 개구리는 물이 끓고 있다는 사실을 모른 채 물속에서 편안하게 잠자다가 삶아져서 결국 맛있는 요리가 되어 식탁에 오르게 된다.

변화라고 하는 것은 어느 날 갑자기 엄청난 규모로 다가오는 것이 아니라 전혀 눈치채지 못하게 서서히 다가온다. 그렇기 때문에 대부분의 사람들은 비커 안의 개구리처럼 변화가 일어나고 있다는 사실을 깨닫지 못한 채 살아가는 것이다. 그러다가 어느 날 갑자기 변화가 도래했음을 알아차렸을 때는 이미 너무 늦어버린 경우가 많다. 보이지 않는 변화의 실체를 미리 감지하지 못한 사람은 안타깝게도 삶은 개구리의 신세가 되기 쉽다.

급변하는 사회에서 능동적으로 변화를 주도하는 자만이 탁월한 리더십을 발휘할 수 있다. 디지털 시대를 살면서 아날로그만을 고집하는 사람은 도태된다. 제트문화 시대에 가마문화만을 고집해서는 안된다. 세계적인 유통업체인 월마트의 기업정신은 변화와 열정, 그리고 정직이라고 한다. 변화를 두려워해서는 멸망하고 만다. 변화와 적응이야말로 세계사의 흐름이다. 고온 다습한 환경에 살던 공룡은 저온 건조한 기후 변화에 적응하지 못했기 때문에 멸망하였다.

자연조건이 좋은 환경에서는 문명이 나타나지 않았다. 좋은 환경에서는 변화보다는 현상유지에 관심이 있기 때문이다. 역사적으로 자연환경이 좋은 나라는 늘 발전에서 뒤처졌다. 유대민족은 2천 년 동안 나라 없이 세계를 떠돌며 시련을 겪었다. 그러한 시련을 겪고 살아남은 민족이기에 강한 민족으로 거듭날 수 있었다. 세계 인구의 0.3%에 불과하지만 노벨상 수상자의 30%를 배출했고, 세계적인 유명인사, 부자의 절반 정도가 유대인이다.

변화란 안에서 잠근 문과 같아서 안에 있는 사람이 문을 열지 않으면 밖에서 아무리 두드려도 열리지 않는다. 그러므로 남을 바꾸려고 하지 말고 나 자신이 먼저 변화하려고 노력해야 한다.

사람들은 자신이 불편할 때 자신의 삶의 태도를 바꿀 생각은 하지 않고 남의 삶이 바뀌기를 기대한다.

교수자는 항상 새로움을 추구해야 한다

첫째, 평생학습자가 되라.

배우는 것이야말로 삶을 영위하는 사람에게는 반드시 해야 할 성스러운 일이다. 유대인들은 죽을 때까지 항상 배워야 한다고 생각해 왔다. 가장 위대한 교사라 할지라도 끊임없이 배워야 한다고 생각해 왔다(엠 토게이어, 2011: 11).

교수자는 과거의 습관이나 전통에 묶여 구습을 그대로 답습해서는 안된다. 자기 전공분야는 물론 교수법에 대한 새로운 지식이나 기술을 끊임없이 익히는 평생학습자가 되어야 한다. 100을 알아야 하나를 가르칠 수 있기 때문에(야스코치 테츠야, 2008: 21) 하나를 가르치기 위해서 교수자는 끊임없이 고민하고 연구해야 한다. 평생학습자에게 있어서 나이의 많고 적음은 의미가 없다. "나이가 많아서 배울 수 없다."고 하는 것은 삶의 목표나 이상이 없는 상태이기 때문에, 이미 정신적으로 죽은 것이나 마찬가지다. 가르치는 사람이 배우지 않으면 가르칠 수 없는 것이다. 따라서 교수자는 남을 가르치는 교육자인 동시에 자기 자신이 배우는 학습자가 되어야 한다.

나는 배우는 것을 좋아한다. 이제 조금 '배움의 맛' 을 느끼는 것 같다. 그 맛이 제법 달콤하다. 2500년 전에 "배우고 때로 익히면 즐겁지 아니한가(學而時習之不亦說乎)"라고 설파한 공자의 말씀을 아주 조금은 이해할 것 같다. "너 자신을 알라."며 자신의 무지를 깨달으라고 가르쳤던 소크라테스의 말대로, 알지 못했던 것을 깨닫는 즐거움이 삶을 활기차게 한다.

둘째, 벼룩근성을 버려라.

벼룩은 자기 키보다 200배나 높이 뛴다. 몸의 길이가 2~4mm에 지나지 않은 벼룩은 18cm나 뛰어오를 수 있다. 뿐만 아니라 한 시간에 1000번을 뛸 정도로 빠르다. 그런 벼룩을 담뱃갑에 넣었다가 잠시 후 뚜껑을 열어보면 벼룩들은 뚜껑이 있던 위치까지만 뛰어 오른다. 담뱃갑 속에 들어 있을 때 그만큼 뛰는 습성을 익히기 때문에 뚜껑을 제거한 후에도 오랫동안 그 습성을 유지한다(왕샹둥, 2010: 81).

교수자는 자신의 능력을 한계짓는 벼룩의 습성을 극복해야 한다. 타성이나 습관에 젖어 구태의연하게 가르치는 것에서 탈피해야 한다. 자신의 한계를 극복하려 하지 않는 교수자로부터 배우는 학습자는 쉽게 능력의 한계에 굴복하고 만다. 학습자가 교수자로부터 배우는 것은 지식이나 기술만이 아니라 태도를 배우는 것이다. 위기와 다양한 사회적 상황에 직면하여 그것을 극복하고 대처하는 능력을 배우는 것이다. 교수자가 모범이 되어야 할 이유가 바로 여기에 있다.

이 세상에 한계란 없다. 한계에 굴복하는 무의지(無意志)가 바로 한계일 뿐이다. "나는 할 수 없다."며 움츠리는 것이 문제다. 시도하지도 않고 "할 수 없다."며 처음부터 포기하는 것은 자신에 대한 비굴함의 표현이다. 그러는 사람들에게 시련을 사랑한 고(故) 정주영 회장이 "이봐, 해봤어?"라고 소리쳐 질타했을 그의 생전의 모습이 연상된다(박정웅, 2002).

셋째, 유연한 사고를 하라.

교수자는 끊임없이 새로움을 추구하고 다르게 생각하는 능력이 있어야 한다. '고르디우스의 매듭'에 얽힌 유명한 일화에서 사고의 유연성을 엿볼 수 있다(쑤추윈리, 2007: 121-123).

고대 그리스 시대의 페르시아 국왕인 고르디우스는 매우 복잡한 방법으로 매듭을 지어 신전 기둥에 전차를 묶어 놓았다. 그리고 "누구든지 이 매듭을 푸는 사람이 아시아를 정복하게 될 것이다."라고 예언했다. 그 후 수많은 사람들이 매듭을 풀고자 고심했지만 모두들 실패한 가운데 기원전 334년 군대를 이끌고 알렉산더가 소아시아를 찾았다. 알렉산더가 물었다.

"그 신기한 고르디우스 매듭이 어디에 있지?"

사람들은 그를 제우스 신전으로 안내했다. 알렉산더는 매듭을 자세히 관찰했지만 아무리 찾아도 처음과 끝이 없었다. 그는 사람들을 향해 외쳤다.

"많은 사람들이 이 매듭을 풀지 못했던 것은 고정관념에서 벗어나지 못했기 때문이다. 꼭 밧줄의 시작부분을 찾아야만 풀 수 있는 건 아니다. 나 역시 찾지 못했지만 무슨 상관이 있겠는가?"

그는 칼을 뽑아들더니 단숨에 매듭을 잘라 버렸다. 그는 계속해서 군사를 이끌고 아시아를 정복하러 나섰고, 훗날 세계를 정복한 영웅이 되었다.

넷째, 자신의 일에 전념하라.

세계 최고의 석유왕이자 자선사업가며, 부자인 록펠러(John Davision Rockeffer)는 부지런했던 사람으로 유명하다. 그는 매일 15~16시간씩 근무하는 것도 모자라 남들이 퇴근한 뒤에도 일을 하는 등 평생을 매주 76시간씩 일하였다.

어떻게 하루에 20시간씩 일할 수 있느냐는 사람들의 질문에 록펠러는 이렇게 대답했다.

"하루에 20시간씩 일해서 되겠어요? 저는 48시간이 필요합니다."

록펠러는 잠자고 밥 먹을 때를 제외하고는 일을 하였고, 그 결과 세계적인 부자가 될 수 있었다(왕평, 2009: 46-47).

가르치는 일을 하는 교수자는 가르치는 일에 온 힘을 쏟아야 한다. 할 것 다 하고, 즐길 것 다 즐기면서 가르치는 일을 덤으로 한다는 생각은 오산이다. 하나를 가르치기 위해서는 100을 알아야 한다. 철저히 준비하고 나서 비로소 학생들 앞에 설 수 있다. 준비 없이 학생들 앞에 서는 것보다 강심장은 없다.

연구실에 나와서 책과 씨름하며 가르칠 준비를 하고 집필하는 것이 유일한 나의 낙(樂)이다. 몇 년 전부터 세운 1년에 책 한 권씩 집필하려는 계획이 머릿속의 생각으로 끝나지 않도록 최선을 다하고 있다. 출간된 도서 중에는 대한민국 학술원의 우수학술도서로 선정된 것이 있는데, 그것이 내 생에 더없는 성취물이라 생각한다. 전국 전문대학 교수학습연구대회에서 최우수상을 수상한 것, 대학 교수, 초 · 중등학교 교사들을 대상으로 강의를 하거나, 사이버 교원연수기관에서 인터넷 강좌를 개설하여 초 · 중고 교사들과 지식을 공유하고 있는 것도 가르치는 나의 본분에 전념하는 것이 아니겠는가?

19. 교수자의 교육철학

사람은 자기 자신이 하는 일에 대해 신념을 가져야 한다.
우리 모두는 자신이 옳다고 확신하는 일을 실행할 만한 힘을 가지고 있다.
– 괴 테 –

사람의 행동은 그가 어떤 관점을 가지고 있는가에 따라 달라진다. 관점의 잣대가 곧으면 곧은 행동을 하고 휘어져 있으면 구부러진 행동을 하게 된다. 괴테의 말대로, 우리는 자신이 하는 일에 대해 신념을 가져야 한다. 교수자는 자신만의 교육철학이 있어야 한다. 교수자가 교육에 대한 투철한 철학이 없으면 교육자로서 자격을 상실한다. 바람에 이리저리 흔들리는 갈대처럼 소신과 신념이 없이 방랑하는 교수자는 학생들로부터 관심을 받지 못한다. 교육보다 개인의 사정이나 이익을 우선하는 교수자는 교육자를 가장한 지식 판매자일뿐이다. 지식 판매자로 전락하지 않기 위해서는 교수자로서 확고한 교육철학이 있어야 한다. 교수자의 교육철학에는 어떤 정신이 담겨야 할 것인가?

바람 따라 흔들리는 갈대 대(對) 투철한 신념

소신이 없는 사람들은 자신의 신념과 관계없이 다른 사람을 따라 하는 버릇이 있다. 옛날 초나라 영왕(靈王)은 허리가 가는 관리를 선호했다. 그는 가는 개미허리가 온 방을 환하게 만들어주고 사람을 즐겁게 해준다고 생각하여 연약하고 날씬한 자들을 등용했다.

조정의 문무대신들은 왕의 환심과 총애를 받고자 다이어트에 힘썼다. 그들은 식사량을 줄이고 하루에 한 끼만 먹으며 쓰러지기까지 했다. 어떤 신하는 하루 빨리 살을 빼려는 마음에서 아침에 일어나 옷을 입을 때 배를 안으로 최대한 넣은 후 허리를 바싹 졸라맸다. 신하들의 다이어트는 날이 갈수록 더욱 심해져서 결국에는 벽을 잡아야 겨우 설 수 있을 만큼 약해졌다. 그렇게 일 년이 지나자 초나라 신하들은 얼굴이 누렇게 뜨고 뼈만 앙상하게 남았다(주통, 2008: 179-180).

소신이 없는 기회주의를 이야기 할 때 빼 놓을 수 없는 것이 바로 이솝우화에 나오는 그 유명한 '양다리 걸친 박쥐' 이야기다.

새와 동물 사이에 아주 치열한 싸움이 벌어졌다. 양쪽 다 막상막하라서 누가 이길지 알 수 없었다. 이 싸움에서 피해를 입고 싶지 않던 박쥐는 가만히 지켜보았다. 그러다가 동물들 수가 훨씬 많고 몸집도 큰 것을 보고는 자신의 날개를 접고 동물들 편으로 갔다.

하지만 갑자기 독수리가 새들 편에 가세하면서 새들이 싸움에서 이길 것 같았다. 그러자 박쥐는 날개를 펴고 새들 편으로 가서 동물들을 공격했다. 결국 새들이 이겼고 숲은 다시 평화를 되찾았다.

하지만 자기 종족을 배반하고 동물들 편에 있었던 박쥐는 새들에게 재판을 받았다. 박쥐는 온몸에 털이 다 뽑히고, 빛이 없는 어두운 동굴에서 평생 살아야 하는 벌을 받았다(이솝, 2002: 93).

우리 사회에는 박쥐와 같이 이쪽저쪽을 넘보다가 운이 좋으면 성공하고 그렇지 않으면 불운으로 살아가는 사람들이 많다.

나는 어렸을 때 유관순 누나에 대한 이야기를 듣고 대단한 분이라는 생각이 들었다. 연약한 처녀의 몸으로 갖은 고초를 겪으면서 자신의 뜻을 굽히지 않았기 때문이다. 어린 나로서는 목숨까지 버리면서 뜻을 굽히지 않는 유관순 누나가 불쌍하기까지 했다. 애국에 대한 신념이 투철한 열사라는 걸 알았을 땐 존경심을 느꼈다. 강한 신념이 강한 행동으로 이어지는 것이다.

여기 자신의 신념을 굽히지 않고 죽음을 택한 한 교사가 있다.

제2차 대전 중 동유럽의 어느 유대인 거리에서는 이런 일이 벌어졌다. 당시 그곳은 나치스가 점령하고 있었다. 어느 날 마을 주민들을 광장에 모이도록 하였다. 나치스 장교는 유대인 군중들 속에서 한 중년의 교사를 끌어냈다.

나치스 장교는 그 교사가 유대교를 버리게 되면 다른 사람들도 그 뒤를 따를 것이라고 생각했다.

“유대교를 버려라. 그렇게 한다면 평생 먹고 생활하는 데 곤란하지 않도록 해 주겠다.”

“싫소.” 교사는 당당하게 거부했다.

“네가 믿는 신은 존재하지 않는다. 네가 믿는 신을 부정한다면 네 생활도 가정도 유지할 수 있다.”

“절대로 그럴 수 없소.”

교사는 침착하고 조용한 목소리로 말했다.

광장에 모인 사람들은 긴장했다.

“존재하지도 않는 유대인의 신이 네 생명보다 더 소중한가?”

“당신은 내 신념을 굽히게 할 수 없소.”

“단지 유대교를 버리겠다는 한 마디만 하면 너는 살 수 있어.”

“싫소.” 교사는 당당한 모습으로 말했다.

장교는 권총을 빼어서 교사를 겨누어 쏘았다. 총알은 교사의 어깨를 관통했다. 그는 피를 흘리며 괴로워하면서도 소리내어 기도를 하고 있었다.

장교는 화가 나서 말했다.

“네가 유대교를 버린다고 한 마디만 한다면 병원으로 데리고 가서 치료를 받을 수 있도록 해 주고, 가족들과 행복하게 살 수 있도록 하겠다.”

“싫소.” 교사는 괴로워하며 말했다.

나치스 장교는 교사를 향하여 총을 쏘았다. 총소리가 울리는 중에서도 교사가 "싫습니다, 싫어요." 하고 중얼거렸다. 그리고 나서 교사는 숨을 거뒀다.

이 이야기는 사람들 속에 있었던 교사의 아들이 처음부터 끝까지 목격하고서 전해 준 이야기라고 한다. 그리고 그 아들은 아버지가 무신론자이고 유대교를 믿지 않았었다고 말하였다. 그 교사는 자신의 말 한마디에 많은 유대인들의 신념이 평가될 수 있다고 생각했던 것이다(엠 토게이어, 2011: 59-62).

자신의 신념을 목숨과 바꾼 유관순 열사와 이야기 속의 교사 앞에 옷깃이 여며진다. 투철한 신념은 목숨보다 우선한다. 목숨을 던질 만큼은 아니라고 하더라도 흔들림 없는 자기 철학을 소유한 사람만이 교수자가 되어야 한다. 여러 가지 이유로 인해 자살하는 학생이 늘어가는 등 오늘날과 같이 어두운 교육현실에서는 투철한 신념을 가진 교육자의 존재가 더욱 요구된다.

교수자의 교육철학에 담겨야 할 정신

첫째는 상호 격려의 정신이다.

학습자는 교수자의 따뜻한 말 한마디로 성장한다. 나이의 많고 적음과 관계없이 학습자는 교수자의 따뜻한 마음속에 파고들고 싶어한다. 교수자의 교육철학 속에는 따뜻한 마음이 고스란히 담겨 있어야 한다. 마치 기러기의 리더십과 같이.

기러기는 먹이와 따뜻한 것을 찾아 40,000km를 날아간다. 기러기는 리더를 중심으로 V자 대형을 그리며 먼 여행을 한다. 가장 선두에서 날아가는 리더의 날갯짓은 기류에 양력을 만들어 주어 뒤따라오는 기러기가 혼자 날 때보다 70% 정도 쉽게 날 수 있도록 도와준다. 이들은 먼 길을 날아가는 동안 끊임없이 울음소리를 낸다. 그것은 앞에서 거센 바람을 가르며 힘들게 날아가는 리더에게 보내는 응원의 소리다. 기러기는 그 먼 길을 옆에서 함께 날갯짓을 하는 동료를 의지하며 날아간다. 만약 어느 기러기가 사고 등으로 대열에서 이탈하게 되면 동료 기러기 두 마리가 함께 대열을 이탈해서 동료가 원기를 회복하여 다시 날 수 있을 때까지 보호해 준다.

둘째는 자기 변화의 정신이다.

솔개는 가장 장수하는 조류로 알려져 있다. 약 70세의 수명을 누릴 수 있는데, 이렇게 장수하려면 약 40세가 되었을 때 고통스런 결심을 해야 한다. 이즈음이 되면 솔개는 두 가지 중 하나를 선택을 해야 한다. 그대로 죽을 날을 기다리던가 아니면 약 반년에 걸친 고통스런 갱생 과정을 거치든가.

갱생의 길을 선택한 솔개는 산 정상 부근으로 가서 그곳에 둥지를 짓고 머물며 부리로 발톱을 하나하나 뽑아낸다. 새로 발톱이 돋아나면 날개의 깃털을 하나하나 뽑아낸다. 이리하여 약 반년이 지나 새 깃털이 돋아난 솔개는 완전히 새로운 모습으로 변신하게 된다. 그리고서 다시 30년의 수명을 더 누리게 되는 것이다.

교수자 역시 스스로 변화하는 의지를 불살라야 한다. 대학이나 대학원 시절에 배운 지식만으로는 교단을 지킬 수 없다. 솔개와 같은 갱생과정을 거쳐야 한다. 혹독한 자기연찬을 계속해야 한다. 진부한 지식으로는 교직을 유지할 수 없다.

셋째는 평등의 정신이다.

어느 랍비가 이스라엘의 일선 부대장의 식사 초대를 받았다. 식사와 함께 병사가 맥주를 가져왔는데, 그것을 본 부대장이 사병들이 마실 맥주도 있느냐고 물었다. "오늘은 맥주가 부족해서 이 자리만 가져왔다."고 사병이 대답했다. 그러자 부대장은 "그렇다면 오늘은 나도 맥주를 마시지 않겠다."고 말하는 것이었다(마빈 토케이어 편, 2008: 146).

평등의 정신은 상대를 인정하는 데서 발현된다. 기낫(1973)이 저술한 『교사와 학생』이란 책에는 이런 이야기가 나온다.

12살짜리 영철이는 주말에 학교 도서실에서 책 정리하는 일을 돕겠다고 지원했다. 그런데 토요일은 숙제가 밀려서 무척 바쁘다는 것을 깨달았다. 그는 자기가 한 약속을 후회하며 우울해졌다. 그날 아침 영철이는 눈물을 글썽거리며 도서실에 도착했다. 영철이의 선생님은 그의 이야기를 주의깊게 들었다. 그리고 선생님은 말하기를, "마음이 그렇게 상했으면서도 일하러 왔구나. 그래, 그것이 바로 훈련이고 품성이며, 성실성이란다." 선생님의 이 한 마디 말로서 영철이는 곧 위안을 받았다. 영철이는 자기가 바로 영웅이고 훌륭한 사람이며 책임감 있는 사람이 된 것 같았다(기낫, 1973: 39).

선생님은 학생을 인격적인 존재로 생각했기 때문에 그렇게 말할 수 있었을 것이다. 이것이 인격적 평등의 정신이다. 교사에게 이러한 정신이 없었다면 이렇게 학생을 꾸짖으면서 마음을 상하게 했을 것이다.

"할일도 많다면서 뭐하러 일을 돕겠다고 했니? 누가 너더러 도와달라고 했어? 네가 자진해서 한다고 했으면 기분 좋게 해야지 억지로 뭘 하러 와. 하기 싫으면 당장 집에 가렴."

넷째는 다름의 정신이다.

음식점을 경영하는 한 주인이 있었다. 주인은 장사가 잘될만한 방법을 생각하던 중에 음식점 입구에 큰 술통을 놓은 뒤, 그 위에 "절대 안을 들여다보지 마시오!"라고 써 놓았다. 길을 지나던 사람들은 그 글귀에 호기심을 느낀 나머지 너도나도 술통을 열어보고 음식점 안으로 발길을 옮겼다. 궁금해진 한 남자가 술통을 열어보았다. 그 안에는 "당신은 특별한 행운에 당첨되셨습니다! 오늘 하루 맛있는 생맥주가 공짜이니 들어와서 마음껏 드십시오." 라고 쓰여 있었다. 술통을 열어 본 사람들은 모두 웃으며 음식점 안으로 들어섰다.

음식점 주인은 손님들의 발길이 점점 끊기자 새로운 아이디어를 생각해냈다. 그는 입구에 커다란 팻말을 세우고 그 위에 "전국에서 제일 맛없는 집"이라고 써 놓았다. 사람들은 "도대체 얼마나 맛이 없길래 이런 팻말까지 붙은 거야?" 하면서 매우 궁금해했다. 사람들은 그 맛을 보기 위해 음식점 안으로 모여들었고, 음식을 다 먹은 뒤에야 그 맛과 서비스가 자랑할만한 최고의 수준임을 알게 되었다. 그날 이후로 음식점은 발을 디딜 틈도 없이 사람들로 붐볐다(리민, 2007: 96-97).

교수자는 한 번의 준비로 평생을 써먹으려 해서는 생존할 수 없다. 음식점 주인처럼 끊임없이 남과 다름을 찾아 실천하는 정신이 체질화되어야 한다.

다섯째는 아량의 정신이다.

교수자는 사랑을 실천하는 사람이어야 한다. 사랑은 학생의 허물이나 잘못을 너그럽게 용서하는 아량에서 싹튼다.

초나라의 제23대 왕이며, 춘추시대의 5패(五霸)의 한 사람인 장왕은 나라에 경사가 있어 술을 빚고 안주를 넉넉히 준비하여 궁안에서 잔치를 베풀었다. 궁중의 신하들이 모두 참석한 자리에서 장왕은 즐거운 표정으로 신하들에게 말하였다.

"오늘은 모처럼 경들과 하루를 마음껏 즐기고자 하오. 조그만 허물도 탓하지 않을 것이니 맘껏 즐겁게 노시오."

잔치는 온종일 계속되어 어느덧 밤이 되었다. 날이 어두워지자 왕은 불을 밝히도록 하였다. 주위가 밝아지자 왕은 대신들에게 술을 하사했고, 대신들은 아래 관직에 있는 관원에게 술을 내려 보냈다. 이렇게 흥이 무르익을 무렵 갑자기 한 줄기 바람이 일어나더니 켜 놓았던 촛불이 일시에 꺼져버렸다.

불을 밝히기도 전에 누군가가 왕이 총애하던 허희(許姬)의 옷자락을 잡아당겼다. 깜짝 놀란 허희는 상대의 손길을 뿌리치고 엉겹결에 오른손으로 갓끈을 잡아챘다. 갓끈이 떨어지자 허희의 소매를 잡아당겼던 사내는 급히 그 자리를 피해버렸다. 갓끈을 움켜쥔 허희가 장왕 곁으로 다가갔다.

"마마, 신첩이 대왕의 명을 받들어 여러 대신들에게 술을 보내던 중에 불이 꺼졌습니다. 그 틈을 타서 어떤 자가 신첩의 소매를 끌어당겨 못된 짓을 하려고 했습니다. 신첩이 소매를 뿌리치고 그 자의 갓끈을 이렇게 쥐고 있으니 무엄한 그 자에게 벌을 내리십시오."

장왕은 급히 허희의 손에서 갓끈을 빼앗아 들고는 불을 켜려는 자의 손길을 막았다.

"불을 켜지 말라!"

장왕은 숨을 가다듬고 나서 뒷말을 급히 이었다.

"이제부터 갓끈을 떼어내고 술자리를 계속하도록 합시다. 어느 누구든 갓끈을 떼지 않으면 오늘의 연회를 불경스럽게 여기는 것으로 알겠소."

신하들은 이상한 생각이 들었으나 모두들 갓끈을 떼었다. 그런 다음에 왕은 불을 밝히도록 명하였다. 이렇게 되고 보니 허희의 옷소매를 잡아당긴 범인이 누구인지 알 수 없게 되어 버렸다. 연회가 끝나고 침실에 돌아가자 허희는 볼멘 목소리로 투정을 부렸다. 그러자 장왕이 말했다.

"허허허, 이는 그대가 알 바 아니로다. 오늘의 연회는 아침부터 시작되어 밤 깊도록 계속되었으니 어찌 취하지 않겠느냐. 술이 취했으니 어찌 작은 실수가 없겠느냐. 만약 오늘밤에 너의 옷소매를 잡아당긴 범인을 찾아내어 벌주게 된다면 너의 절개는 증명되겠지만, 그 선비의 마음을 상하게 했을 것이니라. 그러면 오늘의 연회는 아니 열렸음만 못한 일이다."

장왕의 말을 들은 허희는 감탄했다. '갓끈을 끊은 연회'란 뜻으로 잔치의 이름을 절영지회(絕纓之會)라 불렀다. 온종일 벌어졌던 술 잔치로 인해 실수를 하여 초주검이 된 어느 선비는 아마도 사색이 되었을 것이다. 그런 때에 장왕이 보여준 아량은 후일 왕 자신이 위급한 상황에 빠졌을 때 그 선비의 분투로 목숨을 구하게 되는 일이 생겨났다.

왕이 신하에게 보여준 것처럼, 교수자는 학생의 잘못을 너그럽게 용서하는 아량과 사랑이 있어야 한다. 학생이 교사를 폭행하는 등 도저히 있을 수 없는 일이 벌어지고 있는 오늘날의 상황에서 어느 정도까지 관용을 베풀어야 할 것인가가 문제로 남는다. 학생들의 윤리의식도 함께 자라나야 할 부분이다.

20. 사랑과 관심

사랑은 당나귀에게조차 춤추는 법을 가르친다.
– 프랑스 속담 –

학생들은 교수자의 사랑과 관심을 먹고 성장한다. 초등학교 시절에 나를 3년간 담임을 맡아주신 선생님이 계셨다. 그 선생님은 나에게 많은 사랑과 관심을 가져 주셨다. 선생님은 시골길을 자전거를 타고 다녔다. 학교가 끝나면 다른 아이들은 친구들과 함께 집으로 가는데, 나는 같은 동네에 사셨던 선생님을 퇴근할 때까지 기다렸다가 그 분의 자전거 뒤를 따라 뛰어서 하교를 하곤 했다. 선생님은 나에게 "너는 커서 훌륭한 사람이 되어야 한다."는 말씀을 자주 하셨다. 초등학교 2학년 때 돌아가셔서 받지 못한 아버지의 사랑을 그 분으로부터 받았던 것 같다. 사랑과 관심은 당나귀도 춤추게 한다는 프랑스 속담처럼, 선생님으로부터 받은 사랑 덕분에 지금의 내가 있다고 확신한다.

사랑의 힘

고린도전서 13장 13절에 나오는 유명한 말은 "믿음 · 소망 · 사랑, 이 세 가지는 항상 있을 것인데 그 중의 제일은 사랑이라."는 것이다. 사랑은 믿음이나 소망보다 더 소중한 것임을 성서는 말해주고 있다.

사랑과 관심은 사람을 성장시키는 밑거름이다. 사랑스럽게 쓰다듬어주거나 말을 걸어주고 많이 달래 준 아기일수록 체중이 정상적으로 늘어나고, 앉거나 걷는데 걸리는 시간이 단축된다고 한다.

그렇다면 사랑을 받지 못한 아기는 어떨까? 이란의 고아원에서 행한 조사결과가 눈길을 끈다. 고아들은 어른들의 무관심 속에 거의 방치된 상태에서 자랐다. 그렇기 때문인지 혼자 앉을 수 있기까지의 시간이 보통 아기들보다 훨씬 더 걸리고 말을 배우는 속도도 매우 늦었다.

1950년대 초반, 수 년간 독재정권하에 있던 루마니아가 서방에 개방되었을 때 아이들을 끔찍하게 방치한 수많은 고아원들이 발견되었다. 그중 일부 아이들은 미국의 가정에 입양되었는데, 안타깝게도 그들에게서 많은 문제들이 발견되었다. 이 아이들의 뇌에 대한 MRI 촬영 결과는 실로 충격적이었다. 태어나서 3~4세까지 아무런 사랑도 받지 못한 채 인간적인 상호작용도 없이 방치되었던 아이들 중 일부의 뇌에는 검은 구멍들이 나 있었고, 그 대부분의 뇌가 아예 발달하지 못하였다. 그 아이들이 온전한 인간이 될 가능성은 희박했다(스티브 비덜프, 2007).

사랑은 성장의 씨앗이다.

외아들을 둔 한 아버지가 있었다. 하루는 자전거를 타고 놀던 아들이 크게 부상을 당했다. 아들이 타고 놀던 삼륜자전거의 바퀴는 나무와 무쇠로 만들어졌다. 그 자전거는 작은 충격에도 심하게 흔들려 아들이 다친 것이다. 아버지는 아들의 상처를 치료하면서 좀 더 안전한 타이어가 없을까를 생각했다. 어느 날 아들이 축구공을 들고 와 아버지에게 공기를 좀 넣어달라고 부탁했다. 아버지는 아들을 위해 축구공에 공기를 넣던 중 중요한 사실을 깨달았다.

"자동차와 자전거에 공기타이어를 사용하면 훨씬 안전하고 안락할텐데……."

그는 아들에 대한 사랑으로 공기타이어를 만들었다. 그 타이어는 전 세계로 급속히 퍼져나갔다. 미국의 포드사와 독일의 벤츠사도 이 타이어를 사용했다. 이 사람이 바로 세계 최초로 공기타어어를 개발한 던롭이다.

깊은 애정과 작은 배려 속에서 위대한 발명품이 나온다. 모든 문제해결의 첫 열쇠는 사랑과 관심이다.

잭 캔필드와 마크 빅터 한센(1997)이 지은 『영혼을 위한 닭고기

수프』에 나오는 이야기는 교육에서 사랑의 힘이 얼마나 강한지를 말해 준다.

어느 사회학과 교수가 자신의 강의를 듣는 학생들에게 과제를 냈다. 볼티모어의 유명한 빈민가로 가서 그곳에 사는 청소년 200명의 생활환경을 조사하는 일이었다. 조사를 마친 뒤 학생들은 그 청소년들 각자의 미래에 대한 평가서를 썼는데, 평가서의 내용은 모두 동일했다.

"아무런 기회도 주어지지 않기 때문에 이 아이들에겐 전혀 미래가 없다."

그로부터 25년이 지난 뒤 또 다른 사회학과 교수가 우연히 이 조사서를 접하게 되었다. 그는 학생들에게 그 200명의 청소년들이 25년이 지난 현재 어떤 삶을 살고 있는지를 추적조사하라는 과제를 내었다. 학생들의 조사 결과 놀라운 사실이 밝혀졌다. 사망을 하거나 다른 지역으로 이사 간 20명을 제외하고 나머지 180명 중에서 176명이 매우 성공적인 인생을 살아가고 있었다. 직업도 변호사 · 의사 · 사업가 등 상류층이 많았다.

교수는 그들을 한 사람씩 만나 성공할 수 있었던 가장 큰 이유가 무엇인지를 물어 보았다. 대답은 한결같이 여교사 덕분이라는 것이었다. 교수는 수소문 끝에 그 여교사를 찾아가서 물었다.

"도대체 어떤 기적적인 교육방법으로 빈민가의 청소년들을 이처럼 성공적인 인생으로 이끌었나요?"

여교사의 대답은 이러하였다.

"그것은 정말 간단한 일이었지요. 난 그 아이들을 사랑했답니다."

학창시절 교사의 학생에 대한 사랑은 그 후의 삶에서 결정적인 영향을 미친다는 이야기다.

교사의 사랑에 대한 이야기는 무수히 많다.

초등학교 여교사가 1학년 학생들에게 세상에서 가장 감사하다고 생각하는 대상을 그려보라고 하였다. 더글라스라는 학생의 그림에는 손 하나가 그려져 있었다. 누구의 손일까? 더글라스의 그림을 보고 아이들은 나름대로 상상하기 시작했다.

여교사는 더글라스의 책상으로 다가가서 그것이 누구의 손을 그린 것인지를 물었다.

더글라스는 머뭇거리다가 대답하였다.

"이건 선생님의 손이어요."

그 말을 듣고보니 여교사는 쉬는 시간마다 가난하고 버림받은 더글라스를 손으로 쓰다듬어 주곤 한 것이 기억났다. 그녀는 다른 학생들에게도 그렇게 했었다. 하지만 더글라스에게는 그것이 매우 큰 의미가 되었다(잭 캔 필드 외, 1996: 162-163).

사랑은 관심이다. 학생들에게 관심을 보내는 것이 사랑이다.

나는 졸업반 학생들을 가르치고 마지막 학기 종강 때가 되면 헤어져야 하는 아쉬움에 가슴이 허전하다. 종강하는 날 나는 학생들 각자에게 한 장의 편지로 석별의 정을 나눈다. 한 사람 한 사람을 생각하며 그들에게 하고 싶은 말을 적은 편지를 악수와 함께 건네준다. 뜻밖의 편지를 받고 학생들은 눈물로 감사의 말을 대신한다. 눈물만큼 성숙한다. 그 성숙의 눈물 속에 배어있는 것, 그게 바로 사랑이다.

기대받은 만큼 성장한다

고대 그리스에 살았던 피그말리온(Pygmalion)이라는 조각가는 고민을 했다. 가장 아름다운 여인을 만들어야 하는데 모델을 찾을 수 없었기 때문이었다. 아무리 예쁘다는 여자를 봐도 마음에 들지 않았고, 자기가 찾는 이상적인 모델을 발견할 수 없었다. 상황이 이렇게 되자 그는 모델 없이 조각을 하기로 마음먹었다. 자기 마음속에만 있는 완벽한 아름다움을 창조하기로 한 것이다. 이 조각상은 어느 여자와도 비교할 수 없을 정도로 아름다움을 소유한 완벽한 처녀의 모습이었다. 이리하여 피그말리온은 자기의 조각상인 갈라테아에게 완전히 빠져 버렸다.

그러던 어느 날 아프로디테의 제전이 다가왔다. 피그말리온은 이 제전에서 자기가 맡은 일을 다 끝내고 난 후 제단 앞에서 갈라테아와 같은 여인을 아내로 점지해 달라는 소원을 빌었다. 아프로디테는 피그말리온의 소원을 알아채고는 그의 소원을 들어주겠다는 표시로 제단의 불길을 세 번 위로 솟아오르게 하였다.

소원을 빌고 집에 돌아 온 피그말리온은 사랑스런 조각상에 입을 맞추었다. 이상하게도 조각상의 입술에서 온기가 느껴졌다. 피그말리온은 놀라면서 이번에는 손을 만지자 조각상은 피그말리온의 손을 잡았다. 조각상은 피그말리온의 소원대로 살아있었다. 피그말리온은 아프로디테에게 감사의 말을 올리고 기쁨에 겨워 다시 조각상에 입을 맞추었다. 조각상은 그의 입술에 수줍은 듯 얼굴을 붉히며 피그말리온을 바라보았다.

피그말리온의 기대와 관심이 조각상을 진짜 사람으로 바꿔놓은 것처럼, 자신이나 타인의 기대대로 결과가 나타나는 현상을 피그말리온 효과(Pygmalion effect)라 한다. 교사의 사랑과 기대에 따라 학생은 성장한다.

뉴욕 브루클린의 빈민가에서 태어난 한 흑인 소년은 어려서부터 동네 아이들과 싸우고 무단결석 하는 등 불량한 행실을 습관적으로 저질러왔다. 학교에서도 문제아로 낙인찍혀 가르치는 교사마다 골머리를 앓았다. 다른 학생들 역시 그와 별반 다르지 않았다.

새 학기가 시작된 지 얼마 되지 않아서 폴이라는 선생님이 새로 부임해 왔다. 폴은 전근 오기 전부터 학생들의 악명을 익히 들어 알고 있었다. 하지만 폴은 다른 선생님들과는 달리 아이들의 문제를 바꾸어놓는 일을 결코 포기하지 않았다.

폴은 빈민가 사람들이 미신에 무척 집착하고 따른다는 사실을 알고 미신을 활용하여 아이들을 교육해 보기로 결심했다.

"내가 어려서 학교 다닐 때 학교에서 그리 멀지 않은 곳에 원시 부족들이 사는 마을이 있었단다. 그 마을에는 주술사가 있었는데, 그곳에 사는 사람들은 문제가 생기면 그를 찾아 점을 치곤 했지. 그 주술사는 손금을 아주 잘 보았어. 나도 그에게 손금을 본 적이 있었는데, 나더러 커서 선생님이 될 것이라고 했단다. 주술사는 나에게 손금보는 법을 가르쳐 주었어. 그래서 난 손금을 보면 그 사람의 미래를 알 수 있단다. 오늘은 내가 너희들의 손금을 봐주도록 하겠다."

폴은 아이들에게 두 손을 앞으로 내밀고 조용히 앉으라고 한 후, 한 명씩 손금을 봐주기 시작했다. 폴은 아이들을 차례로 손금을 봐주고는 마지막으로 손톱에 때가 낀 아이의 작은 손을 자세히 살피더니 진지하고 확신에 찬 말투로 아이의 눈을 바라보며 말했다.

"정말 굉장하구나. 넌 커서 뉴욕의 주지사가 될 거야."

아이는 자신의 귀를 믿을 수 없었다.

"내가 뉴욕 주지사가 될 거라고?"

하지만 선생님이 보는 손금은 한 번도 틀린 적이 없다고 하지 않았던가. 아이는 감격스러운 듯 선생님을 바라보았고, 그 순간 앞으로 반드시 주지사가 될 것이라는 결심을 하였다.

그가 바로 51세에 뉴욕 주의 53대 주지사이자 미국 역사상 최초의 흑인 주지사가 된 로저 롤스다(치우칭지엔 · 황쉬에리 편, 2010: 70-73).

로젠탈과 제이콥슨(Rosenthal and Jacobson, 1968)의 실험연구 역시 교사의 기대가 학생의 성취를 바꿔 놓는 연금술사임을 입증하였다.

어느 초등학교 1학년에서 5학년까지 전 학생을 대상으로 지능 테스트를 했다. 테스트 점수와는 무관하게 각 학급에서 무작위로 20%의 학생들을 선정하여 실험집단으로 삼았다. 담임교사에게는 이 학생들이 지능 테스트에서 지적 능력이 빠르게 성장할 것으로 예측되었다고 말해 주었다. 그로부터 8개월이 지난 후에 테스트를 받은 모든 학생들을 대상으로 다시 유사한 유형의 지능 테스트를 실시한 결과, 실험집단이 통제집단에 비해 특히 저학년에서 두드러지게 향상되었음을 발견하였다.

어째서 이러한 결과가 나온 것일까? 20%의 실험집단 학생들이 테스트 결과가 아니고 무작위로 선정된 학생들인데 말이다. 그것은 바로 연구자들이 교사에게 넘겨준 20%의 학생명단(실험집단)에 비밀이 숨겨있다. 교사들은 실제로 실험집단 학생들이 지능 테스트에서 높은 점수를 받은 것으로 오해하고 그들에게 더 많은 기대를 하고 관심을 가졌기 때문이다. 학생에 대한 교사의 기대는 의식적이든 무의식적이든 교사의 목소리 · 표정 · 몸짓 등을 통해 학생에게 전달되고, 그것이 학생의 학습의욕이나 인지능력 · 행동방식에 영향을 미친다. 교사의 관심 내지 기대는 학생에게 긍정적으로 작용하여 그것이 성취로 연결된다. 교사의 기대와 관심, 학생의 자기충족예언(self-fulfilling prophecy)이 상호작용하여 학생의 성취를 높인 결과를 가져온 것이다.

21. 내적 동기 부여하기

동기는 내면으로부터 나오는 열정이다.
– 스티븐 코 –

어떤 일이든 하고 싶은 마음이 있어야 성공적으로 일을 마칠 수 있다. 남이 시켜서 어쩔 수 없이 하는 일은 재미도 없고 능률도 오르지 않는다. 공부를 하기 싫어하는 학생들을 억지로 붙들어 앉혀놓고 열심히 가르쳐 본들 성적이 오를 리 없다. 어째서 공부를 하는지를 깨닫도록 하여 학생 자신이 뚜렷한 목표를 설정하고 그것을 향해 나아갈 때 학습효과가 높다. 하고 싶은 욕구, 즉 내적 동기가 일어날 때 공부가 즐겁고 능률도 오르는 법이다. 스티븐 코가 말했듯이, 내적 동기는 "내면으로부터 나오는 열정이다." 마음속 깊은 곳에서 나오는 불과 같이 타오르는 열정이 있다면 무슨 일이든 성취할 수 있다. 수업을 할 때 어떻게 하면 학습자들의 내적 동기를 끌어낼 수 있을까?

동기 부여 유형

래터(M. R. Letter)는 보육원 원아를 대상으로 색연필로 고급종이에 그림을 그리게 하는 실험을 했다(이소라, 2008: 18-19). 원아들을 세 가지 조건별로 그룹을 만들어 흥미가 어떻게 달라지는지를 관찰했다.

첫째는 금색 스티커와 리본으로 장식한 상장을 주겠다고 약속하고 그림을 그리도록 했다. 둘째는 같은 상장을 주지만, 그림을 다 그릴 때까지 그 사실을 알리지 않았다. 셋째는 상장을 약속하지도 않고 실제로도 주지 않았다. 원아들에게 그림을 그리도록 한 후 첫 번째와 두 번째 원아들에게 상장을 주고 게시판에 부착하여 모두가 볼 수 있도록 했다. 세 번째 원아에게는 아무 것도 주지 않았다. 교실에는 항상 색연필과 고급종이가 비치되어 있어서 누구든지 언제나 그림을 그릴 수 있도록 했다. 이러한 상황에서 원아들이 그림을 그리는데 얼마나 흥미를 보이는지를 알아보기 위해서 며칠간 관찰했다.

실험결과, 첫 번째 원아는 두 번째와 세 번째의 원아에 비해 그림을 그리는 시간이 두드러지게 적었다. 첫 번째 그룹의 아이들이 그림 그리기에 흥미를 잃은 것은 그림 그리기가 '좋아서 하는 일'에서 '상을 받기 위한 일'로 바뀌었기 때문이다.

학습행동에는 대가를 바라는 외적 동기 부여와 흥미에서 비롯

되는 내적 동기 부여가 있다. 부모가 "공부 잘하면 원하는 거 사 줄께."라고 하는 말을 듣고 공부하는 것은 외적 동기 부여에 의한 행동이고, 흥미와 관심이 있어서 시간 가는 줄도 모르고 공부에 열중하는 것은 내적 동기 부여에 의한 행동이다.

공부에 전혀 관심이 없는 학생이 공부를 하도록 유도하려면 외적 동기 부여가 한 방법이 되겠지만, 언제까지나 대가에 의존할 수 없는 노릇이다. 가장 바람직한 것은 어떤 일을 계기로 스스로 공부에 흥미를 갖게 되는 것이다. 외적 동기 부여를 통하여 공부를 한다고 하더라도 외적 동기 부여가 자연스럽게 내적 동기 부여로 전환되면 스스로 공부를 하게 되는 것이다.

소를 물가로 끌고 갈 수는 있지만 물을 먹일 수는 없다. 물을 먹이려 하지 말고 갈증을 느껴 스스로 물을 마시도록 하는 것이 중요하다.

외적 동기는 내적 동기를 감소시킨다. 어떤 연구(Deci, 1972)에서 피험자들은 주어진 시간 안에 연구자가 제시한 퍼즐의 답을 맞힐 때마다 1달러를 받았다. 또 다른 조건의 피험자들은 돈을 받지 않았다. 첫 번째 퍼즐 게임이 끝난 뒤 새로운 퍼즐 게임을 시작하면서 연구자는 피험자들에게 이번 게임에는 각자 본인의 의사에 따라 참여 여부를 자유롭게 결정할 수 있을 뿐만 아니라, 중간에 그만두고 싶으면 언제든지 그만둬도 된다고 말하였다.

그런 다음 연구자들은 피험자들 각자가 새로운 퍼즐 게임을 한 시간을 측정하였다. 그 결과, 처음 퍼즐 게임에서 보상을 받았던 사람들이 새로운 퍼즐 게임을 한 시간은 보상을 받지 않았던 사람들의 1/2밖에 되지 않았다. 보상을 받았던 피험자들은 돈을 의식했기 때문에 그만큼 내적 동기가 줄어들었다(세르주 시코티, 2006: 67-68).

내적 동기가 줄어드는 것은 보상을 받기 위해서 행동한 것에서 기인된다. 자기 스스로 그 행동을 선택했다고 느끼지 못하기 때문에 그 행동에 흥미를 잃게 된다.

앨런(Kay Allan)은 『두려움에서 사랑으로의 여정(*The Journey from Face To Love*)』에서 우리가 취하는 행동에 동기를 부여하는 3가지 중요한 감정을 두려움 · 의무감 · 사랑을 들었다(하이럼 스미스, 1998: 285-286). 두려움은 가장 낮은 수준의 동기부여의 힘이다. 두려움 때문에 일을 해야 한다는 것이다. 그 일을 해내지 않으면 벌이 기다리고 있다. 아이들을 과보호하는 사람 가운데는 단지 아이들을 사랑해서가 아니라, 이 크고도 넓은 세상에서 아이들에게 무슨 일이 일어날까 두려워서 그러는 사람도 있다. 두려움은 수동적 양식이고, 동기 부여의 외적인 원천이다.

동기 부여의 두 번째 수준은 의무감이다. 많은 사람들은 하고 싶어서가 아니라 의무감에서 움직인다. 의무감 또한 외적인 동기 부여 요인이다. 일을 좋아하지 않을 수도 있지만 최선을 다해야 한다. 그것이 의무이기 때문이다. 그래서 열심히 일한다. 시간과 에너지, 그리고 지식을 다 동원한다. 그러나 마음까지는 주지 않는다.

동기 부여의 힘 가운데 가장 높고, 만족스런 수준은 사랑이다. 사랑에서는 두려움이나 의무감과는 완전히 다른 유형의 행동이 나온다. 일을 사랑하고, 자신이 하고 싶기 때문에 한다. 그럴 때 성공의 기회도 많아지고 만족도도 높아진다.

수업에 있어서 내적 동기 부여 방법

첫째, 학습자의 세계로 다가가라.

말하는 사람이 "내 이야기를 듣는 것은 당연하다."는 자세를 보이면 듣는 이는 더 이상 이야기를 듣고 싶은 생각이 들지 않는다. 말하는 사람이 먼저 듣는 사람의 세계로 한발 다가가야 한다. 그러면 듣는 사람은 "이 사람의 이야기를 들어주자."라고 심리적으로 받아들이는 자세를 갖게 된다(야마구치 요시유키, 2010: 28). 교수자 혼자서 말을 하게 되면 학생들은 심리적 거리감을 느끼게 되어 이야기를 듣고 싶은 마음이 생기지 않는다. 듣는 사람이 평소에 어떤 것에 관심이 있는지, 어떤 가치관을 갖고 있는지를 파악한 다음, 그것을 인정하면서 자신이 말하고자 하는 것을 이야기하면 청중은 상대의 말에 귀 기울이게 된다.

둘째, 학생에게 관심을 가져라.

사람은 누구나 자기 자신이 중요하다고 생각한다. 그리고 자기에게 중요한 것만 주목한다. 그 밖의 것에 대해서는 눈길을 주지 않는다. 같은 길을 가다가도 관심도에 따라 보는 것이 다르다. 경치에 관심이 있는 사람은 자연의 아름다움에만 눈이 가고, 사람에 관심이 있는 사람은 사람들이 걷고 대화하는 모습에 관심을 갖는다. 관심에 따라 다르게 보이는 현상을 심리학에서는 감각강조(sensory accentuation)라 한다(다고 아키라, 2009: 139).

따라서 다른 사람을 움직이는 일은 아주 간단할 수 있다. 상대방에게 관심을 가지면 된다. 관심을 갖는나는 것은 그 사람을 인정한다는 것이다. 학생에게 관심을 가지면 학생 역시 교수자에게 관심을 갖게 된다.

미시간대학교 중앙조사연구소의 심리학자들은 '종업원의 근로의식 고취와 일의 효율성'에 대한 과학적 분석을 한 결과, 부하들에게 관심을 두고 있는 책임자 밑에서 일하는 사람들은 부하들을 강제로 일하게 하는 보스형의 책임자 밑에서 일하는 사람들보다 훨씬 좋은 성과를 올리고 있다는 사실을 밝혀냈다(레스 기브린, 2009: 67-68).

셋째, 학생의 자존감을 인정하라.

사람은 누구나 자존감을 높이기 위해 행동한다. 자존감은 자신을 어떻게 평가하느냐의 문제와 관련된다. 살면서 부딪히는 각종 문제를 자신이 해결할 수 있고 자신은 행복을 누릴 가치가 있다고 믿는 경향이다. 자존감이 높은 사람은 자신이 문제해결의 능력이 있다고 생각한다. 자존감이 높은 학생은 학습할 때 자신이 어떤 문제를 스스로 풀 수 있다고 믿는다. 내적인 학습동기를 높이기 위해서는 학생의 자존감을 인정해야 한다. 어떤 교수자는 학생들의 자존감을 인정하지 않음으로써 해당 학생으로 하여금 자신은 하찮은 존재라는 생각을 갖게 한다.

레스 기브린(2009)은 자신의 저서 『대화법』에서 다음과 같은 경험담을 들려주고 있다.

최근 남부의 한 도시에서 개최된 어느 회의에 참가한 적이 있었는데, 부득이한 사정이 생기는 바람에 그곳에서 하룻밤을 묵어야만 했다. 전에 묵은 적이 있는 호텔을 찾아가서 예약손님들로 붐비고 있는 접수처의 지배인을 만났다. 지배인은 안타까운 표정으로 말하였다.

"선생님 큰일 났군요. 미리 말씀해 주시지 그러셨어요. 보시다시피 손님이 이렇게 많으니 저로서는 어떻게 할 도리가 없습니다."

"이 도시에서 나를 재워줄 수 있는 호텔의 지배인은 자네뿐이네. 나는 이 호텔말고는 아는 데가 한 군데도 없다네. 자네가 방을 마련해 주지 못하면 어딜 가도 마찬가지야. 공원에서라도 잘 수밖에."

지배인은 그 말이 끝나기가 무섭게 말하였다.

"그렇습니까? 그러면 30분만 기다려 주십시오. 어떻게든 방을 마련해 보겠습니다."

그는 비공식 회의장으로 사용되는 고급가구가 놓여있는 작은 방을 나에게 주었다. 욕실이 완비되어 있었기 때문에 침대만 들여 놓으면 그럴듯한 침실이 될 수 있는 그런 곳이었다.

이리하여 기브린은 하룻밤을 그 호텔에서 묵을 수 있었고, 지배인은 기브린 때문에 성취감을 맛보았다. 지배인은 기브린을 도와줄 수 있는 사람이 자기뿐이라는 사실을 자신과 기브린에게 증명해 보임으로써 자존감을 높일 수 있었던 것이다.

넷째, 단점보다는 장점을 찾아 격려하라.

사람은 누구나 단점이 있다. 그것을 들춰내서 험담하는 사람들이 있다. 이러한 어리석은 사람들에게 성경은 "너는 형제의 눈 속에 든 티는 보면서도 어째서 제 눈 속에 들어있는 들보는 깨닫지 못하느냐?"(눅6: 41)고 일침을 가한다. 자기 눈에 들보가 들어있는 사람의 눈으로는 다른 사람의 흠만 보인다. 뭐 눈에는 뭐만 보이게 되니까 말이다. 자신은 하지도 못하는 사람이 남이 잘한 걸 보면 흠을 잡고 난리다. 자기 눈의 들보부터 빼라. 그래야 비로소 남의 장점이 보이게 되는 법이다.

교수자도 학생의 눈에 든 티만 보여서는 가르칠 수 없다. 티가 있다고 하더라도 티 자체만을 보지 말고 '옥의 티'로 보고 옥에 대해 격려해야 한다. 잘하지 못한다고 하더라도 다 티만 있는 것이 아니다. 옥도 찾으면 티보다 더 많다.

1950년 미국 위스콘신 대학 우수 문학 지망생들이 교내 정기 모임을 만들었다. 거기서 각자 쓴 글을 발표하면 가차 없이 서로의 결점을 비평했다. 그것이야말로 창작에 도움이 되는 작업이라고 여겼기 때문이다.

한편, 여학생들이 중심이 된 또 하나의 모임이 있었다. 거기에서는 서로 혹평은 일절 피하고 좋은 부분만을 찾아내어 칭찬하였다.

10년 후 그 여학생들 중 대부분이 훌륭한 작가가 되었으나, 위스콘신대학의 문학 지망생들 중에서는 단 한 명의 뛰어난 작가가 나오지 못하였다(조현삼, 2004).

단점이 있으면 그것을 장점으로 승화시키면 더욱 가치 있는 것이 된다.

보석상을 운영하는 한 부호가 유럽 여행 중 진귀한 보석을 발견하고 그것을 샀으나 작은 흠집을 발견하고 어쩔 줄을 몰랐다. 가치가 떨어질 것이 뻔하기 때문이다. 보석상 주인은 고민 끝에 보석의 작은 흠에 장미꽃을 조각하였다. 그것으로 인해 보석의 가치가 몇 배 이상 올라갔고, 사람들이 사고 싶어하는 예술품이 되었다는 이야기가 있다.

학생에게 약간의 흠이 있다고 해서 부정적으로 생각하지 말고 예술감각으로 장미꽃을 조각하여 학생의 존재감을 높이는 것이 교수자의 역량이고 존재이유다.

다섯째, 의미를 찾도록 하라.

미국의 사상가이자 시인인 랠프 에머슨이 하루는 아들과 함께 송아지를 외양간에 넣으려고 이리저리 시도했지만 송아지는 꿈쩍도 하지 않았다. 아들이 앞에서 당기고 에머슨이 뒤에서 밀어 보았지만 역시 허사였다.

그때 늙은 하인이 다가와서 자기 손가락 하나를 송아지 입에 물려주었다. 그러자 송아지는 젖을 빨듯이 손가락을 빨기 시작했다. 그런 채로 하인이 몇 걸음을 옮기자 송아지는 순순히 따라갔다. 남자 둘이 힘을 합해도 할 수 없었던 일을 늙은 하인은 아무 어려움 없이 해낸 것이다(데일 카네기, 2003).

내가 자주 한 말이지만, 다시 한 번 반복한다.

"소를 물가로 끌고 가려 하지 말고 갈증을 느껴 물을 찾아 자기 발로 걸어갈 수 있도록 하라." 그래야 물을 마신다. 억지로 끌어서 물가로 데려간들 물을 먹지 않으면 그 일이 헛수고다.

학생도 마찬가지다. 억지로 앉혀 놓는다고 해서 공부를 하지 않으면 그 일이 헛수고일 뿐이다. 학생 스스로가 공부에 대한 의미를 부여하지 않으면 모든 것이 헛되고 헛되도다. 이런 의미에서 한준상(2001: 12) 교수는 L=MS²(Learning, Meaning, Significance), 즉 '학습은 의미 찾기' 라고 주장한다. 배우는 자가 스스로 의미를 찾고 의미를 부여할 때 비로소 학습이 가능하게 된다는 뜻이다. 배운다고 하더라도 의미를 찾지 못하는 학습자는 물가에 끌고 가도 물을 마시지 않는 소와 다름없다. 배우는 것이 자기와 관련이 있다고 생각할 때 의미가 부여된다. 자기와는 무관한 내용이라고 느끼면 의미를 찾지 못한다. 의미를 찾지 못하면 배움 자체가 시쳇말로 '말짱 도루목' 이다.

학습에서 의미보다 더 중요한 것이 쓰임새(Significiance)다. 쓰임새가 있어야 배우게 된다. 죽은 지식은 쓰임새가 적다. 쓰임새가 높은 산 지식을 배울 때 학습자는 내적 학습동기가 유발된다.

22. 집중력 유지하기

집중은 희망을 낳는다.
계속되는 집중은 신뢰를 낳는다.
- 브레인 리 -

학창시절, 월요일 아침에는 전교생이 운동장에 모여 교장 선생님의 훈화를 듣는 조회가 있었다. '월요병'이 있는 날인지라 마음이 무거운데다가 끝날 줄 모르게 이어지는 교장 선생님의 공자 같은 말씀이 귀에 들어올 리 없다. 지루한 시간이 지속되다가 교장 선생님께서 하시는 "끝으로!"라는 반가운 말씀은 닫았던 귀를 쫑긋 세우기에 충분하였다. 하지만 그것은 끝이 아니라 시작에 불과하였다. 줄줄이 이어지는 '뼈가 되고 살이 되는' 지루한 말씀은 그 후로 교장 선생님의 이미지로 고착되었다.

지속적인 집중은 희망과 신뢰를 낳는다는 브레인 리의 말처럼, 수업집중은 학생들에게 미래를 비추는 희망의 불꽃이 된다. 어떻게 하면 주의집중을 유지할 수 있을까?

집중력은 몰입이다

집중력은 주의를 기울이는 능력을 말한다. 예컨대, 수업시간에 정신을 분산하지 않고 수업에 임하는 것이 집중력이다. 무언가에 열중하는 상태를 "푹 빠졌다."고 표현한다. 집중이란 바로 무언가에 푹 빠진 상태를 말한다. 누가 말을 걸어도 알아채지 못하고, 먹고 자는 것도 잊고 한 가지에 몰두하는 상태를 말한다. 사람이 집중력을 유지할 수 있는 시간은 15분 또는 90분이라고 하며, 개인차도 크다(라이프 엑스퍼트, 2009: 19).

중국의 쯔칭은 유명한 목수였다. 그는 특히 종처럼 생긴 거(鐻)라는 악기를 잘 만들었다. 사람들은 모두 쯔칭이 만든 거를 보고 감탄하였다. 그의 솜씨는 노나라 왕에게 전해졌고 왕은 쯔칭을 궁으로 불러 그에게 비법을 물었다.

"거를 만드는데 특별한 방법이 있느냐?"

"저는 그냥 평범한 목수인데 무슨 특별한 기술이 있겠습니까만, 몸과 마음을 깨끗이 하고 잡념에 빠지지 않도록 주의합니다. 재계(齋戒)한 지 사흘이 되면 공로나 진급 · 녹봉 같은 것이 떠오르지 않고, 닷새가 되면 다른 사람의 비난이나 평가에 마음을 쓰지 않게 되지요. 그러다 이렛날이 되면 제 자신을 잊는 경지에 이르게 됩니다. 그때가 되면 군왕을 만나뵙고 싶다는 허황된 욕심도 없어지고, 조정을 위해 거를 만들더라도 상금을 바라거나 벌을 두려워하지 않게 됩니다."

쯔칭은 외부세계의 방해에서 완전히 벗어난 다음에야 산에 들어가 거를 만들 재목을 골랐다. 그는 이미 완벽한 거를 만들 준비를 마친 것이다.

"제 자신을 완전히 잊는 경지에 도달하지 못하면 거를 만들지 않습니다."(주통, 2008: 26-27)

집중은 바로 자신을 완전히 잊는 경지에 도달하는 것이다.

한 젊은 화가가 있었다. 어릴 적부터 미술감각이 남달랐던 그는 벌써 몇 번의 개인전을 가졌고 상도 많이 받았다.

오랜만에 만난 친구들과의 만남에서 한 친구가 그에게 물었다.

"젊은 나이에 성공한 비결이 대체 뭔가?"

그러자 그가 웃으며 대답했다.

"어릴 적부터 한 가지에만 몰두한 노력의 결과일세. 지난 십여 년 동안 오로지 그림만 생각하며 살아왔거든."

그러면서 그는 친구들에게 자신의 어릴 적 경험을 이야기해 주었다.

어릴 적 그는 호기심이 왕성하여 수영과 피아노 · 그림 · 농구 등 안 해본 것이 없을 정도였다. 만능 재주꾼이 되고 싶었지만, 모든 방면에서 뛰어나기란 불가능한 일이었다. 그는 이런저런 고민으로 방황하다가 학교 성적까지 떨어졌다.

하루는 아버지가 그를 불렀다. 아버지가 자신을 혼낼 거라 생각했지만, 화를 내지 않았다. 작은 깔때기 하나와 땅콩 한 움큼을 가져와서는 탁자 위에 올려놓고는 아들의 두 손에 깔때기를 쥐여 주었다. 그리고는 그 안에 땅콩을 하나씩 집어넣었다. 깔때기 구멍 안으로 들어간 땅콩은 금세 그의 손바닥에 떨어졌다. 이러한 동작을 몇 번이고 반복했고, 손바닥에는 어느새 땅콩이 쌓여갔다. 잠시 후, 아버지가 땅콩 한 움큼을 한꺼번에 깔때기 안에 넣었다. 그러자 굵기가 서로 다른 땅콩들이 섞여 깔때기 밑으로 한 개도 떨어지지 않았다.

"이걸 보거라. 이 깔때기는 바로 네 자신이란다. 무슨 일이든 한 가지씩 차례대로 해나가는 사람은 그만큼의 결실을 얻을 수 있지만, 한 번에 다하려는 욕심을 부리다가는 아무것도 얻지 못할 수도 있단다. 무슨 일이든지 한 가지에 몰두할 때 그 분야에서 최고의 자리에 오를 수 있단다."(리민, 2007: 20-22)

수업 중 집중력 유지하기

첫째, 2 ~4분마다 비언어적 변화를 주라.

학생들은 주의집중 시간(attention span)이 짧다. 수업시간이 길 경우 대부분의 학생들은 산만해지는 경향이 있다. 학습자들의 짧은 주의집중 시간을 감안하여 2~4분마다 목소리 톤이나 음량을 바꾸거나 슬라이드를 보여주는 등 변화를 시도를 하는 것이 좋다. 목소리를 높이거나 낮추기도 하고, 때로는 속삭이기도 하며,

학습자 한 사람 한 사람과 눈맞춤을 하고 핵심어를 강조하는 방법도 있다. 아울러 강의내용과 관련된 구체적이고 실질적인 예를 듦으로써 학습자들의 관심을 끌어들일 수 있다.

둘째, 15분 법칙을 따르라.

강의가 15분 이상 진행된다면 15분마다 주제를 바꿔라. 한 가지 주제로 유사한 내용을 반복하면 그것을 듣는 사람들은 지루해한다. 주제에 변화를 줌으로써 학습자들의 주의를 끌게 될 것이다. 15분마다 학습자들에게 배운 내용을 중심으로 연습을 하도록 하거나 가르친 내용을 요약하도록 하라. 한 자리에 앉아서 강의를 듣는 것은 그것이 아무리 재미가 있는 내용이라고 하더라도 사람의 생리상 지루하지 않을 수 없다. 장시간 수업을 지속하는 것은 심하게 표현하면 '살인미수 행위' 와 다름없다.

셋째, 이동하라.

이동은 주의를 집중시키는 또 다른 방법이다. 하지만 너무 잦은 이동은 학습자들을 혼란스럽게 한다. 강의실의 주변부에 신경을 써라. 만일 강사가 좌측에 서 있었다면 우측으로 이동하라. 질문을 받을 때는 앞에 위치하고, 주어진 시간의 약 60%는 중앙에 위치하면서 가끔씩 양측면으로 이동한다. 뒤편에 앉아있는 학습자들이 학습활동에 참여하도록 하기 위해 강의실 뒤쪽으로 이동하라. 교수자가 자신과 가까이 있으면 수업에 집중하게 된다.

넷째, 버라이어티 강의를 하라.

학습자의 주의집중을 유지하기 위해서는 교수자의 강의스타일이 다양해야 한다. 교수자의 열정적인 강의는 학습자들의 눈과 귀를 붙잡아 놓는다.

EBS 다큐멘터리에 등장한 70세를 훨씬 넘긴 피츠버그대학교의 국제정치학 교수인 골드스타인(Donald Goldstein)의 강의는 마치 버라이어티쇼 같다. 그의 수업 콘셉트는 '열정과 재미'이다. 그의 강의실에는 수업내용과 연관된 상징적인 도구와 자료들이 종종 등장한다. 어떤 날은 미국을 상징하는 파란색 야구 모자를 쓰고 교단에 서 있는가 하면, 무솔리니 시대의 군복을 입고 등장하기도 한다. 마오쩌뚱에 대해 강의를 할 때면 인민복에 레닌모를 준비해 입고 오기도 한다. 어떤 때는 춤도 추고 노래도 부른다. 그렇지 않은 날에도 그의 수업에는 늘 유머와 학생들의 웃음이 넘쳐흐른다. 그에게는 준비된 쇼맨십도 강의교재 중 하나인 셈이다(EBS 제작팀, 2008: 30-31). 그는 학생들의 집중을 위해 기꺼이 자신을 헌신한다.

다섯째, 적절한 긴장감을 유지하라.

무슨 일이든 어느 정도 긴장감이 있어야 사는 맛이 난다. 인생에 있어서 약간의 긴장감이 없으면 무슨 재미로 살겠는가?

유명한 청어와 물메기 이야기는 긴장감이 생명을 유지시켜 준다는 것을 말해 준다.

태평양에서 청어잡이를 하는 어부들의 관심은 유럽의 대도시까지 청어를 싱싱하게 운반하는 것이다. 어부들의 정성과 조심스런 운반에도 불구하고 목적지에 가면 청어는 죽어 있었다. 그런데 신기하게도 한 어부만이 싱싱하게 살아있는 청어를 목적지까지 와서 팔아 많은 수입을 올리는 것이었다. 그 비결은 배 밑에 수조를 만들어놓고 살아있는 청어와 함께 청어의 천적인 물메기 몇 마리를 넣어서 운반하는 것이었다. 청어들은 물메기에게 잡혀 먹지 않으려고 필사적으로 피해 도망다니느라 도착지까지 싱싱하게 운반할 수 있었다. 메기가 없는 청어는 안일함으로 죽은 반면, 메기와 함께 있던 청어떼는 잡혀 먹을 것만 같았지만 산 것이다.

긴장감이 생명을 유지할 수 있었던 비결이다. 학생들도 너무 안일하거나 편안한 학습환경보다는 약간의 긴장감이 있는 학습 상황에서 과제에 더 잘 집중할 수 있다. 교수자가 혼자서 진도만 나가는 것은 학생들에게 긴장감을 주지 못한다. 질문도 하고 발표도 하도록 함으로써 어느 정도 긴장감을 유지하는 것이 집중력을 높일 수 있다. 그렇다고 극도의 긴장감을 조성하는 것은 학습에 역효과를 준다.

여섯째, 학습자의 관심사와 관련시켜라.

인간의 지각 능력 가운데 가장 신비스런 것 중 하나는 선택과 집중의 능력이다. 후쿠시마 지진 때도 아들을 찾아 헤매던 노부모가 어디선가 들려오는 아들의 신음소리를 듣고 며칠간 구조대를 설득해서 무너진 건물을 샅샅이 뒤진 끝에 결국 아들을 구해냈다고 한다. 오로지 아들의 생사에만 매달렸던 어머니의 놀라운 집중력이 아들의 신음소리를 들을 수 있었던 것이다.

사람들은 정보를 선택적으로 받아들인다. 그렇기 때문에 시끄러운 나이트 클럽, 파티장, 공사장에서도 서로 대화가 가능하다. 자기에게 의미있는 정보만 선택적으로 받아들이는 현상을 선택적 지각(selective perception)이라고 한다. 칵테일 파티 효과(cocktail party effect)라고도 한다. 이것은 1953년 콜린 체리(Colin Cherry)가 붙인 이름이다. 인간은 자신이 원하는 소리만을 골라서 들을 수 있는데, 이는 마치 온갖 잡음이 섞인 칵테일 파티에서도 자신의 이름을 부르는 소리는 똑똑하게 들을 수 있는 것과 같다고 하여 붙여졌다.

수업에 있어서도 학생들은 자신에게 의미가 있고 관심이 있는 이야기는 잘 듣는다. 학생들이 무엇을 원하고 있고 관심사가 무엇인지를 연구하여 수업에 활용하면 학생들의 집중력을 높일 수 있다. 학생들의 언어, 환경 등 그들의 생활환경과 밀접한 관련이 있는 소재를 선택하여 수업에 활용하면 집중력이 높아지게 된다.

23. 변화 있는 수업하기

모든 획기적인 발전은 기존의 사고방식을 깨뜨림으로써 생겨난다.
– 토마스 쿤 –

고등학교 때 국어를 가르쳤던 선생님은 세월이 지났음에도 불구하고 나의 머릿속에 아직도 생생하게 남아있다. 선생님은 국어책 한 권을 거의 다 암기할 정도로 공부를 많이 하신 것 같다. 그 선생님은 억양이 특이했다. 그 자체가 재미였는지도 모르겠다. 그 억양을 흉내 내노라면 저절로 내용이 머릿속에 남았다. 그 선생님 덕분에 국어시간이 기다려졌다. 당시 국어책에 나왔던 송강 정철이 지은 '관동별곡'의 앞부분이 아직도 생각난다. "강호에 병이 깊어 죽림에 누웠더니 관동 팔 백리에 방면을 맡디시니 어와 성은이야 가디록 망극하다……" 그 분은 남과는 다른 방법으로 변화 있는 수업을 했던 것으로 기억된다. 어떻게 하면 변화 있는 수업을 할 수 있을까?

재미없는 수업

누구나 재미없는 강의를 들어본 경험이 있을 것이다. 나 역시 그러한 강의를 들어본 적이 있다. 아니, 내 자신이 그러한 강의를 하는 주인공일 수도 있다. 수업이란 쉬운 것이 아니다. 많은 것들을 고려해야 하는 종합예술이기 때문이다.

어느 인터넷 블로그에 있는 청마 유치환 선생의 '깃발'이란 시를 패러디한 다음 글은 학생들을 가르치는 우리에게 많은 것을 생각하게 한다.

> 하품
> 이것은 소리 없는 아우성!
> 저 푸른 칠판을 향하여 흘기는
> 영원한 노스텔지어의 눈망울
> 백묵은 물결처럼 시야 끝에 아른거리고
> 결국엔 백로처럼 기지개를 펴다.
> 아! 누구인가
> 이처럼 지겹고도 졸리는 수업을
> 듣자고 꼬드긴 그는

우리의 교육현장을 보는 듯하여 마음이 찔린다. 학생들은 자기 맘에 들지 않는 수업에 집중하지 않는다. 학생들뿐만 아니라 누구나 자신에게 의미가 없는 수업에는 등을 돌린다.

지루한 수업에 대해 학생들은 다른 책을 보거나 아예 잠을 자는 것으로 반응한다. 잠자는 학생을 나무라기 전에 교수자 자신이 문제가 없는지를 성찰해야 한다. 지루할 때 졸리는 것은 자연스런 인간의 생리적 반응이다.

어느 교회에서 목사가 열심히 설교를 하고 있었다. 그런데 한 청년이 잠을 자고 있는 반면, 옆에 앉은 할머니는 열심히 듣고 있었다. 화가 난 목사가 버럭 소리를 질렀다.

"할머니! 자는 청년 좀 깨워 주세요."

그러자 할머니 왈, "재우긴 자기가 재워놓고 왜 나보고 깨우라고 신경질이야." 목사가 설교를 재미없게 했는가 보다.

강의나 연설을 들을 때 초등학생은 7분, 중학생은 10분, 성인은 15분 이상 집중하기 어렵다고 한다. 그 이상이 되면 집중력이 떨어지고 눈이 감기기 시작한다. 아무리 좋은 내용이라고 하더라도 학습자들에게 제대로 전달되지 않는다면 아무 의미가 없다. 교수자로서 학습자를 졸게 하는 것은 죄악이다. 흔히 교수자는 졸고 있는 학습자를 보면 그를 나무란다. 하지만 학습자가 졸거나 딴전을 피는 것은 1차적으로 교수자의 책임이다. 재미없는 수업을 하는 데 졸지 않는 장사가 어디 있겠는가?

수업은 살아 숨 쉬는 생명체다. 생명체는 역동적이어야 하고, 끊임없이 변화해 간다. 그러기에 교수자는 살아있는 수업을 해야 한다. 수업시작부터 끝날 때까지 교수자가 초지일관 변화없는 목소리로 말하면 생명력을 잃은 강의가 되어 학습자들을 졸게 한다. 다양한 변화의 굴곡을 타고 힘차게 흐르는 물과 같은 수업이 아니면 학습자들은 수업에 집중하지 않는다.

수업에 변화를 주라

첫째, 화제를 바꿔라

같은 주제로 수업을 계속하게 되면 지루한 교수자로 낙인찍히게 된다. 밥 파이크(Bob Pike)가 주장했듯이, 길게 잡아도 20분 이상 지루하게 진행되는 강의는 효과가 없다. 학습자들이 지루해하기 전에 국면전환이 필요하다.

일본의 나이토 요시히토(2007b: 189)는 『첫인상의 심리학』에서 화제전환의 터닝포인트를 15분으로 제시한다. 아무리 강의를 잘하는 사람이라도 15분 간격으로 약간 다른 관점에서 강의를 해야 한다는 것이다.

같은 주제로 강의가 장시간 지속되면 체내에 유산염이 쌓이게 되어 근육이 뻣뻣해진다. 혈액 100ml에 100g의 유산이 쌓이면 불쾌감과 피로를 느낀다.

둘째, 말에 변화를 주라.

강의는 내용만 충실하면 된다고 생각하는 교수자들이 있다. 시쳇말로 '천만의 말씀 만만의 콩떡'이다. 단조로운 톤으로 하는 교수자의 강의를 듣는 것만큼 큰 고통도 없을 것이다. 하품이 나고 눈이 감긴다. 왜 그 자리에 있어야 하는지에 대한 회의감이 밀려온다.

목소리의 변화는 학습자들의 주의를 집중시키는데 매우 효과적이다. 사람들은 다른 모습에서 호기심을 느낀다. 목소리가 분위기를 만든다. 음성의 높낮이와 크기를 조절해야 한다. 단조로운 톤으로 말을 하다가도 때로는 리듬을 타는 톤으로 강의를 하면 학습자들은 주의를 집중한다. 조용하게 말을 하지만 긴장감을 주고, 청중에게 웃음을 주고 분위기를 고조시킨다. 음성의 크기와 높낮이는 청중을 사로잡는 매력이 있다. 청중을 빨려들게 하는 강한 매력이 있다. 그런 교수자의 강의를 들으면 한 마디 한 마디가 귀에 쏙쏙 들어온다.

셋째, 거리를 좁혀라.

한 자리에 서서 말하지 말고 자리를 이동하라. 미국의 문화인류학자인 에드워드 홀(Edward T. Hall, 1963)에 따르면, 커뮤니케이션을 하는 심리적 거리는 크게 친화적 거리(Intimate Distance Zone) · 개인적 거리(Personal Distance Zone) · 사회적 거리(Social Distance Zone) · 공적 거리(Public Distance Zone) 등 4가지가 있다.

친화적 거리는 0~50cm 사이를 말하는데, 가족 · 연인 · 친구처럼 친밀한 유대관계가 전제되어야 한다. 매우 가깝기 때문에 최소한의 사적인 공간으로 상대에 대한 친밀감 이상의 배려와 애정이 필요하다.

50~120cm 사이인 개인적 거리에서의 커뮤니케이션은 어느 정도의 친밀함과 함께 격식을 갖추어야 한다. 일상적인 대화에서 가장 많이 접하는 거리로, 상대에 대한 이해와 맥락이 아주 중요하다.

사회적 거리는 2~4m 거리에서 이루어지는 커뮤니케이션인데, 형식이 자유롭고, 친밀함보다는 비즈니스적인 경우가 많아 내용 및 행동 · 언어에 보다 정중한 격식 및 예의가 요구된다.

4m 이상의 거리인 공적 거리는 연설 · 강연과 같이 집단과의 커뮤니케이션이 이루어지는 경우로, 형식적이고 깊이가 없이 일방적인 커뮤니케이션이 이루어진다.

강의에서는 일반적으로 사회적 거리 이상의 간격을 두고 교수자와 학습자가 커뮤니케이션을 하게 되지만, 일정한 거리를 유지하는 것보다 학습자와의 거리를 좁히는 변화를 꾀하는 것도 학습효과를 높이는데 한몫을 하게 될 것이다.

인간에게는 안정적으로 느껴지는 최적거리가 있다. 개인차가 있을 수 있지만 대개 60cm정도라고 한다(나이토 요시히토, 2007b: 99). 이 거리는 손을 조금만 뻗으면 상대에게 닿을 수 있을 정도의 거리이다. 물론 개인적인 만남일 경우이긴 하지만, 학습자 규모가 30명 정도인 교실에서는 앞에서만 수업을 하지 말고 가끔씩

열 사이를 이동하면서 학생들과 거리를 좁히면서 수업을 한다면 학생들의 집중력을 높일 수 있을 것이다.

넷째, 장시간 지루하게 하지 말라.

지루함은 뇌가 싫증을 낸다는 징표이다. 동일한 것을 반복하여 완전히 숙지한 것을 되풀이할 때 지루함을 느낀다. 같은 장소를 매일 간다든가, 아는 내용을 반복해서 듣는 등 익숙한 것에 대해 뇌는 지루하다는 표현을 한다. 지루함을 느낄 때 우리는 하는 일에 대해 의미를 찾지 못하고 도피하고자 하는 마음이 생기게 된다.

유명한 마크 트웨인(Mark Twain)이 교회에서 목사의 설교를 듣고 있었다.

수해로 인해 비참해진 수재민을 돕자는 목사님의 설교는 아주 훌륭했다. 그는 처음 마음 먹었던 액수의 2배를 헌금하기로 작정했다. 조금 더 설교를 듣자니 눈물이 나올 지경이었다. 호주머니의 돈으로는 부족할 것 같아서 수표를 떼려고 했다. 그런데 목사님의 설교가 그치지 않았다. 지루해지기 시작했다. 수표를 떼려던 생각이 슬그머니 사라지고 호주머니에 있는 돈이나 내자는 생각이 들었다. 설교는 1시간이 넘도록 끝나지 않았고, 설교 후 헌금바구니가 마크 트웨인 앞에 왔을 때, 그는 10센트짜리 동전 몇 개만 던져넣었다.

24. 유머 활용하기

사람들이 웃을 때 노인과 젊은이,
교사와 학생, 사장과 직원의 구분이 사라진다.
- W. 리 그랜드 -

언젠가 아는 분이 나에게 카카오톡으로 유머 하나를 보내왔다. '성공하는 여자의 조건 10가지' 였다. 그 내용이 나름대로 의미가 있고 재미가 있어서 같은 제목으로 나도 한번 응용해 보았다. 내용에 의미를 부여하지 말고 그냥 웃자고 하는 글이라고 생각하고 읽어주길 바란다.

① 성숙한 여자보다는 정숙한 여자

② 멀쓱한 여자보다는 말쑥한 여자

③ 쇼핑을 즐기는 여자보다 서핑을 즐기는 여자

④ 미니스커트를 즐겨 입는 여자보다 미니시리즈를 즐겨보는 여자

⑤ 인상이 좋은 여자보다는 인성이 좋은 여자

수업 중에 어떻게 유머를 사용해야 할까?

유머감각은 재산이다

아인슈타인은 말한다.

"내가 상대성이론을 발견한 비결은 어릴 때부터 웃음을 중시한 데 있다."

아인슈타인이 노벨 물리학상을 받은 후에 있었던 일이다.

그는 미국의 여러 대학으로부터 쇄도하는 강의 요청을 소화하느라 하루에도 몇 번이나 같은 내용을 반복해야 했다. 그와 항상 함께 다니는 그의 운전기사 역시 아인슈타인의 강의를 줄기차게 듣다 보니 그 내용을 완전히 암기할 정도가 되었다. 그 사실을 알고 장난기가 발동한 아인슈타인 박사는 운전기사에게 말했다.

"다음 강의 때는 자네가 내 양복을 입고 대신 해 보는게 어떤까?"

강의를 앞두고 대학에 도착하기 전 두 사람은 옷을 바꿔 입고 박사인 척 강의를 하였다. 가짜 아인슈타인 박사의 강의는 성황리에 끝났다. 그런데 막 연단을 내려 올 무렵 한 교수가 어려운 질문을 하였다. 순간 눈앞이 깜깜해진 운전기사는 기지를 발휘해서 이렇게 대답하였다.

"아, 그 정도 질문이라면 제 운전기사도 충분히 답변할 수 있습니다. 기사 양반, 이쪽으로 올라와서 설명해 주도록 해요."[10)]

로널드 레이건은 세계의 지도자들 가운데 EQ가 뛰어났던 지도자였다. 그의 지능지수는 그리 높지 않았다고 한다. 그런데도 그는 탁월한 EQ로 배우 출신의 한계를 극복하고 8년 동안 대통령직을 성공적으로 수행했다. 그가 대통령 재임 중에 권총 저격을 받은 적이 있었다. 몸을 던져 저격범의 총알을 막아낸 경호원들 덕분에, 그는 왼쪽 옆구리에 가벼운 총상만 입고 쓰러졌다. 구급차가 급히 달려오고 간호사들이 응급조치를 하기 위해 그의 몸을 만지기 시작했다. 그러자 그는 간호사들에게 "우리 낸시한테 허락받았냐?"는 조크를 던졌다. 간호사들은 "이미 낸시 여사님에게 허락을 받았다."고 응수했다고 한다.

병원에 도착한 레이건은 수술 준비를 서두르던 의사들에게 "당신들이 지지하는 정당이 공화당이냐, 아니면 민주당이냐?"라고 물었다. 그러자 한 의사가 "각하! 오늘부터 열성적인 공화당원이 되겠습니다!"라고 대답했다.[11)]

위급한 순간 긴장했을 간호사와 의사들에게 조크를 던진 레이건의 여유는 어느 한 순간의 쇼맨십이 아닌 일상적으로 생활화된 유머에서 나오는 것이다. 위로의 조크로 총상을 입고 고통받는 레이건을 안심시키고 무거운 병원 분위기를 밝게 반전시킨 간호사와 의사들의 유머 수준도 역시 대단하다.

유머를 자연스럽게 구사할 수 있다면 기지와 재치가 있는 사람이다. 이러한 사람은 듣는 이들에게 삶의 활력소를 주고, 청정한 마음을 선물하는 산소 같은 사람이다. 우리는 살아가면서 다른 사람을 설득해야 하는 경우에 직면한다. 유머감각이 있는 사람은 부드러우면서도 상대를 설득시킬 수 있는 능력을 가진 사람이다. 상대에게 거부감을 주지 않으면서 자신의 생각에 공감할 수 있도록 하는 매력을 가진 사람이다. 유머감각은 세상을 살아가면서 무엇과도 바꿀 수 없는 값진 자산이다.

당신의 유머지수는?

다음에 제시하는 유머지수 테스트는 유머 강사인 신승훈(2010)의 『유머가 이긴다』란 책에 기초를 둔 것이다.

다음에 열거하는 20개의 문항을 읽고 자신과 관련되는 항목에 1점을 주고, 그렇지 않으면 0점을 준다. 1~10번은 선천적 재능(talent)과 관련되고, 11~20번은 유머를 하고자 하는 자신의 노력과 관련되는 내용이다. 이들 두 그룹을 각각 체크하면 된다. 준비됐으면 시작하라.

표 8 유머지수 테스트

번호	내용	예	아니오
1	모르는 사람에게 먼저 말을 쉽게 건다.		
2	이상하고 엉뚱한 상상을 자주 한다.		
3	장례식에 가서 웃음이 나오는 것을 억지로 참은 적이 있다.		
4	지하철의 잡상인 · 노점상의 이야기와 상품에 관심이 많다.		
5	학창시절 귀가하면 부모님께 학교생활에 대해 자주 이야기했다.		

6	끝말잇기를 잘한다.		
7	가위바위보를 하면 주로 이기는 편이다.		
8	주변 사람들에게 조언을 많이 해 준다.		
9	부모님 중에 웃기는 이야기를 잘 하는 분이 계시다.		
10	횡단보도의 파란불이 깜빡이면 기다렸다가 다음 신호에 건너간다.		
11	창피했던 순간에도 남에게 이야기할 수 있다.		
12	개그 프로그램이나 오락 프로그램을 1주일에 한 번 이상 본다.		
13	신문이나 인터넷에서 본 유머를 남에게 사용해본 적이 있다.		
14	유명 스타나 정치인의 성대모사를 해본 적이 있다.		
15	텔레비전을 보면서 혼잣말을 하거나 다음 대사를 예상해 보기도 한다.		
16	자신이 본 영화나 드라마를 다른 사람에게 이야기하는 것을 좋아한다.		
17	엘리베이터의 거울을 보면서 혼자 웃은 적이 있다.		
18	한 달에 한 권 이상의 유머 관련 책을 읽는다.		
19	일기를 쓰거나 다이어리를 활용한다.		
20	휴대전화 문자 메시지를 하루에 20개 이상 주고받는다.		

'예' 라고 답한 문항이 총 몇 개인가?

20~17개이면 당신은 유머리스드(humorist)다. 어디에 가더라도 사람들을 즐겁게 할 수 있는 재능이 있다.

16~12개라면 유머를 잘 할 수 있는 가능성이 충분하다고 할 수 있다. 예비 유머리스트라고나 할까?

11~7개라면 유머에 관한 한 갈 길이 멀다. 평소에 유머에 대해 관심을 갖고 한 가지씩 실천해 나가라.

6~0개라면 분발해야 한다. 무미건조한 마음에 단비를 내릴 수 있는 유머감각을 익히는데 많은 노력을 해야 할 것이다.

이를 좀 더 구체적으로 분석해 보자.

1~10번은 선천적 재능(Talent), 11~20번은 후천적인 노력(Effort)이라고 보면 된다. 선천적 재능과 후천적 노력의 문항에서 '예' 라고 답한 것은 각각 몇 개인가? 그 갯수를 〔그림 8〕에 표시해 보라. 예를 들면, 선천적 재능이 7개이고, 후천적 노력이 6개라고 한다면, 유머리스트다.

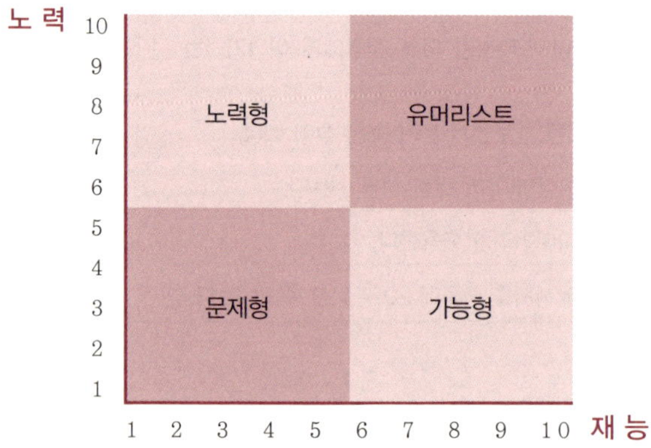

그림 8 유머지수 유형

유머리스트(humorist)는 유머에 대한 선천적 기질이 있으면서 노력도 하는 사람이다. 이런 유형의 사람이 강의를 하면 학생들이 '웃고 즐기면서' 수업을 할 수 있다.

반대로 유머에 대한 선천적 재능도 없으면서 노력도 하지 않는

'문제형'의 교수자가 수업을 하면 학생들이 지루해하고 졸거나 잠을 자기도 한다. '문제형'의 교수는 유머에 대한 선천적 기질이 없는 것은 어찌할 수 없다고 하더라도 나름대로 유머를 공부함으로써 재미있는 강의를 하기 위한 노력을 해야 한다. 물론 학생들을 웃기는 것이 좋은 강의라는 말은 아니다. 그렇다고 학생들을 지루하게 하는 것이 좋은 강의라고는 더더욱 할 수 없다. 강의내용이 아무리 훌륭하다고 하더라도 받아들이는 학생의 입장에서 그것을 받아들일 준비가 되어있지 않으면 안되기 때문에 동기 부여 차원에서 유머가 가미된 강의를 해야 한다는 것을 강조하는 것이다.

수업 시 유머 사용하기

첫째, 자연스런 유머를 사용하라.

유머는 억지로 만든 것이 아니라 자연스러워야 한다. 만일 유머를 억지로 한다면 청중들은 외면할 것이다. 누가 하느냐에 따라 똑같은 유머라도 느낌이 다르다. 어떤 사람이 하면 웃기는 이야기라고 하더라도 똑같은 이야기를 다른 사람이 하면 느낌이 다른 경우를 많이 경험한다. 다른 사람의 스타일을 모방하는 대신 학습자들이 강의에 흥미를 가질 수 있는 자신에게 편한 유머 스타일을 찾아야 한다. 억지로 꾸미거나 억지로 웃기려는 식의 유머는 청중의 마음을 움직일 수 없다.

둘째, 정신적 휴식으로서 유머를 사용하라.

만일 특별히 무겁거나 신중한 주제를 제시하여 청중들이 지치기 시작한다면 약간의 유머를 첨가하는 것이 좋다. 그렇게 하면 분위기를 바꾸어서 청중들이 다시 주의집중하는데 도움을 줄 것이다. 오랫동안 머리를 쓰면 뇌가 지루해한다. 뇌가 지루하면 더 이상의 학습효과가 없어진다. 뇌가 지루하지 않도록 하기 위해서는 유머를 통해 뇌에게 휴식을 제공해야 한다.

셋째, 적절한 유머를 사용하라.

청중들을 모욕하는 부적절한 농담은 수업을 엉망으로 만든다. 여성, 남성, 종교, 정치, 인종적 배경, 성적 성향, 청중들이 화를 낼 수 있는 주제에 대한 농담은 하지 않는 것이 좋다.

적절한 유머와 부적절한 유머는 다음과 같이 구분할 수 있다.

- 자신을 대상으로 한다. / 타인을 대상으로 한다.
- 모든 사람을 대상으로 한다. / 특정집단만 대상으로 한다.
- 갈등을 불러일으키지 않는다. / 갈등을 고조시킨다.
- 희망을 불러일으킨다. / 절망을 암시한다.
- 낙관적이다. / 비관적이다.
- 인간관계를 돈독히 한다. / 사람들 사이를 갈라놓는다.
- 좋은 기분을 불러일으킨다. / 나쁜 기분을 불러일으킨다.
- 상대를 기분 좋게 한다. / 상대에게 상처를 준다.

넷째, 긍정적 유머를 사용하라.

긍정적 유머는 다른 사람을 감정적으로 상처를 주거나 품위를 손상시키지 않는다. 그것은 사기를 북돋워 주고 소극적인 마음을 일시적으로나마 이완시켜 준다. 반대로, 부정적 유머는 다른 사람의 감정에 상처를 준다. 만일 다음과 같은 내용을 유머로 사용했다면 어떻게 될까?

머리카락이 한 올도 없는 대머리가 오토바이를 몰고 시내를 질주하다가 그만 신호위반을 했다. 갑자기 나타난 경찰은 사이렌을 울리며 경찰차에 달린 마이크로 외쳤다. "살색 화이바! 살색 화이바! 오토바이 세워요! 세워!!" 만일 이러한 내용의 유머를 한다면 탈모상태에 있는 사람들이 기분 좋을 리가 없다.

다섯째, 자기를 내세우지 않는 유머를 사용하라.

자기를 내세우지 않는 유머(self-effacing humor)는 자기 자신을 낮추는 것이다. 이러한 유머를 사용하는 것은 화자가 청자보다 우월하지 않고 동등하다는 것을 사람들에게 말하는 것이다. 자기를 내세우지 않는 유머를 할 때는 너무 길게 해서는 안된다. 그러한 유머를 길게 한다면 청중들이 화자를 신뢰하지 않을 뿐만 아니라 자존심이 낮다고 보게 될 것이다.

미국 역사상 가장 뛰어난 대통령이라고 하는 링컨은 유머감각이 뛰어난 대통령으로 알려졌다. 하루는 링컨 대통령이 백악관에서 구두를 닦고 있었다. 마침 링컨의 초대로 백악관에 들어선 친구가 이를 보고 깜짝 놀라며 물었다.

"대통령이 손수 구두를 닦다니 이게 말이 되나?"

그러자 링컨은 친구보다 더 깜짝 놀라는 표정으로 친구에게 물었다.

"아니, 그러면 남의 구두도 닦아주어야 한단 말인가?"

가난한 집안에서 검소하게 자란 링컨의 생활습관을 알 수 있는 일화이다. 이런 것이 자신을 낮추는 유머다.

여섯째, 주제와 관련된 유머를 사용하라.

수업에 사용되는 유머는 주제와 관련된 것이어야 한다. 그렇지 않으면 주의를 산만하게 한다. 사람들은 누가 웃기려고 안간힘을 쓴다고 생각한다면 거부감을 갖는다. 목적에 맞도록 사용될 때 청중들의 반응은 보다 호의적이 되고, 유머를 받아들이는데 마음을 열게 된다. 주제를 벗어난 유머는 청자의 집중력을 분산시킬 뿐이다.

예컨대, 환경문제에 관한 강의를 하면서 주제와 관련 없는 내용의 유머를 했다고 가정해 보자.

어느 날 아들이 아버지에게 물었다.

"아빠! 아빠는 불 끄고 글을 쓸수 있어?"

아버지는 "물론이지." 하고 자신만만하게 대답했다.

그랬더니 아들이 하는 말, "그럼, 불끄고 여기 성적표에 사인 좀 해 주세요."

아마도 환경문제에 대한 내용의 맥을 끊어서 청중들의 생각을 딴데로 돌리게 될 것이다. 다시 본 주제로 돌아가기 위해서는 얼마 동안의 사고 전환이 필요하게 된다.

일곱째, 개인적 일화를 유머로 사용하라.

주제와 관련된 재치있는 개인적 일화를 사용하는 것도 좋다. 개인적 일화는 당신의 유머 창고 속에 들어있는 가장 강력한 도구의 하나이다. 그것은 누구나 사용할 수 있고, 청중의 주의를 끌 수 있다. 자신의 삶 속에서 일어난 중요한 사건들을 회상해 보라. 처음으로 한 데이트, 첫 직업 등 그 모두가 재미있는 이야깃거리가 될 수 있다.

언젠가 외부 세미나에 갔을 때의 일이다. 미리 준비한 원고를 가지고 발표를 하였다. 그런데 청중석에 앉아있던 어떤 한 여자가 꾸벅꾸벅 졸고 있었다. 발표가 끝나고 쉬는 시간에 그 여자는 나에게 와서 발표 잘 들었다면서 인사를 하였다. 순간 나는 졸던 그녀의 모습이 떠올라서 어떤 부분이 기억에 남느냐고 물었다.

"농담도 잘 하시대요."라고 대답하는 것이었다. 준비한 원고를 읽었을 뿐인데 농담도 잘한다고 하니 의아할 뿐이었다. 의문을 풀기 위해 나는 그녀에게 어떤 농담이 기억나는지를 물었다. 그녀는 '젖꼭지, 소꼭지' 라는 말이 인상적이라는 것이었다. 원고를 읽는 사람이 그런 말을 했다는 게 도무지 믿기지 않았다.

집에 가서 원고를 찾아 보았다. 원고에는 이렇게 쓰여져 있었다.

"적극적, 소극적인……."

졸면서 들으면 그 말이 그렇게도 들릴 수 있다는 생각을 하면서 혼자서 배꼽을 잡고 웃었다.

25. 칭찬하기

진실하고 적절한 칭찬보다 효과적인 것은 없고,
획기적인 칭찬보다 썰렁한 것은 없다.
– 빌 왈쉬 –

내가 소속되어있는 학과의 학생회 임원들이 신입생 오리엔테이션을 위한 준비를 하느라 분주했다. 후배들을 맞이한다는 설레임과 선배로서 행사를 잘 마쳐야 한다는 책임감이 그들의 발걸음을 바삐 재촉하는 듯 했다. 열심히 하는 모습이 보기 좋았고, 무엇보다도 행사 프로그램이 역대 어느 학생회보다도 잘 기획되어 있었다. 나는 학생장과 임원들에게 칭찬을 아끼지 않았다. 내가 평소 칭찬을 많이 하지 않아서인지 칭찬을 들은 학생들은 그간의 노력에 보상이라도 받은 듯 기뻐했다. 그 해의 신입생 오리엔테이션은 성공적으로 끝났다. 칭찬은 힘을 솟구치게 하는 보약이다. 빌 왈쉬의 말대로, 칭찬은 획기적인 것이 아니라 진실하고 적절해야 효과가 있다. 학생들에게 칭찬을 어떻게 해야 할까?

칭찬에 인색한 사회

우리나라 사람들은 남을 칭찬하는데 인색하다. "자식은 속으로 사랑해야 한다."는 말에 익숙한 우리는 자식이 잘하는 일이 있어도 겉으로는 칭찬을 하지 않았다.

'마누라 자랑하는 사람은 팔불출(八不出)' 이라고도 하였다. 팔불출이란 원래 제 달을 다 채우지 못하고 여덟 달 만에 낳은 아이를 일컫는 팔삭동(八朔童)에서 나온 말이라고 한다. 온전하게 다 갖추지 못하였다 하여 팔불용(八不用) 또는 팔불취(八不取)라고도 한다. 자기, 자식, 아내(남편), 아버지와 조상, 형제, 선배(학교), 고향을 자랑하는 사람을 비꼬는 말이다. 사람들은 팔불출이라는 원래 뜻이 본디 모자란 것을 비꼬아 만들어서 그런지 그 여덟 가지조차 하나를 덜 만들고 있다.

자기와 가까운 사람들에 대해 자랑하는 것을 좋지 않은 것으로 규정하는 사회풍토로 인해 우리는 표현에 인색하고 상대를 존중하지 않는 좋지 못한 문화를 형성하였다. 실은 세상에서 가장 가까운 사람인 아내와 자식을 자랑하는 사람은 팔불출이 아니라 그야말로 똑똑하고 행복한 사람이다. 팔불출이란 말은 자랑할 것이 없는 사람들이 지어낸 신포도가 아닐까?

어느 날 아들이 밖에 나갔다가 헐레벌떡 아버지에게 달려왔다.

"아빠, 세계 3대 악처가 누군지 아세요? 서양의 2대 악처는 알겠는데 동양 최대의 악처가 누군지 기억이 안나요."

아버지가 아들 이마에 꿀밤을 주더니 이렇게 말하였다.

"이놈아, 네 엄마 이름도 몰라?"

웃기 위해 만든 이야기겠지만, 현실이 실제로 그런 것 같아 웃음이 나오질 않는다.

어린 아이와 함께 지하철을 탄 젊은 엄마는 자기 아이가 지하철 안에서 뛰고 소리 지르고 하게 되면 승객들은 눈살을 찌푸리게 된다. 그것을 보고 있던 엄마는 아이에게 이렇게 말한다.

"너, 엄마가 제일 싫어하는 사람이 누구라고 했지?"

아이의 대답은 의외다. "아빠."

아마도 엄마는 '여러 사람들을 불편하게 하는 사람' 정도의 대답을 기대했을 것이지만, 아이는 '천기누설' 을 하고 만다.

다른 사람이 잘하는 점에 대해서는 침묵하는 반면, 다른 사람의 약점이나 좋지 않은 일에 대한 소문은 빨리 퍼진다. 우리 주변을 보면 남의 약점을 캐고 그것을 확산하는 일에 매달리는 사람들이 있다. 그런 사람에게 경미한 약점이라도 발견되면 거기에 몇 갑절 더하고 곱하여 빛보다 더 빠른 속도로 퍼져나간다. 하지만 좋은 일에 대해서는 철저히 침묵하여 아무리 홍보를 해도 그 효과는 미미하다. 남의 장점보다는 약점이 훨씬 빠른 속도로 퍼진다는 것은 실험을 통해서도 입증된 바 있다.

대학생 80명에게 잘못 배달된 것처럼 가장해 소문을 적은 엽서를 보냈다. 그중에서 반은 "학생식당 서비스가 좋아진다."는 내용이 적혀 있었고, 나머지 반에는 "가까운 시일 안에 학칙이 엄격해진다."는 내용이 쓰여 있었다. 한 주일이 지난 후 어떤 소문이 얼마나 퍼졌는지 조사했을 때 좋은 소문은 전교생의 27%만이 알고 있었으나, 좋지 않은 소문은 73%나 알고 있었다. 나쁜 소문을 듣고 불안과 공포를 느끼자 그것을 다른 사람과 공유해서 불안을 덜고 싶은 심리가 작용했기 때문이다(다쿠미 에이치 · 야마모토 후키코, 2006: 100).

칭찬은 만물의 보약

칭찬받는 것을 싫어하는 것은 이 세상에 없다. 사람은 물론이거니와 식물까지도 칭찬받는 것을 좋아한다.

어느 초등학교 선생님이 과제를 냈다. 동일한 꽃나무를 화분 두 개에 나눠 심은 다음, 각각 이름을 지어주라고 했다. 한쪽은 예쁜 이름을 지어 주고, 다른 한쪽은 형편없는 이름을 지어준 뒤 물을 줄 때마다 그 이름을 불러주라는 것이었다. 아이들은 이 과제를 수행하면서 흥미있는 점을 발견하게 되었다. 똑같이 물을 주는데도 "예쁜아, 예쁜아!" 하고 예쁜 이름을 불러준 꽃나무는 윤기가 나고 튼튼하게 자란 반면, "멍청아, 멍청아." 하면서 물을 준 꽃나무는 잘 자라지 않았던 것이다.

식물뿐만 아니라 물도 똑같은 반응을 한다.

일본의 에모도 마사루(江本勝) 박사는 물도 칭찬하면 반응한다는 것을 증명하였다(에모도 마사루, 2008).

물을 여러 개의 컵에 담아놓고 하나의 컵에는 "악마! 너를 증오해."라고 써 붙여 놓고, 다른 컵의 물에는 "고맙습니다, 감사합니다."라고, 또 다른 컵에는 "나는 너를 사랑해, 너는 너무 아름다워."라고 써서 붙여놓았다.

그 결과, 부정적인 글을 써 붙인 물은 검게 썩었고 흉하게 구멍 뚫린 결정체가 만들어졌으며, 파장도 날카롭고 불규칙하게 변하였다.

두 번째 컵의 물은 맑고 아름다운 결정체를 이루었다.

세 번째 컵의 물은 아름다운 빛깔의 육각수 결정체를 이루었으며, 파장도 아름답고 굴곡이 규칙적이었다.

그는 밥에 관해서도 연구하였다. 동일한 두 개의 유리병 속에 밥을 넣고 한 유리병에는 '감사하다'는 글귀를 붙이고, 다른 유리병에는 '망할 자식'이라는 글을 써 붙였다. 날마다 두 명의 초등학생에게 그 글귀를 각각의 병에 대고 읽게 하였다. 이렇게 한 달을 지속하다 보니 '감사하다'는 말을 들은 밥은 발효되어 향기로운 누룩 냄새가 난 반면, '망할 자식'이라는 말을 들은 밥은 부패해서 검은 색으로 변하고 악취를 풍겼다고 한다.

칭찬은 뇌를 춤추게 한다. 뇌 속에는 A10이라는 쾌감신경이 있다. 좋아하는 사람을 만나거나 칭찬을 받을 때, 또는 좋아하는 일을 할 때는 그 징조가 A10신경으로 흘러가서 도파민이라는 신경전달물질이 분비된다. 도파민이 분비되면 뇌에 쾌감이 생기고, 신경세포 사이의 정보전달이 활성화되어 의욕이 높아진다. 쾌감을 느끼면 학습 · 사고 · 행동 · 얼굴표정 · 성욕 등도 풍부해지는 것이다.

다른 사람으로부터 칭찬을 받을 때는 돈을 벌 때 뇌의 활동과 유사하다는 연구결과가 나왔다. 일본의 국립 생리심리학 연구소의 사다토 노리히로(定藤規弘) 교수 등 연구팀은 사람이 칭찬을 받을 때 반응하는 뇌의 부위와 현금 등으로 보상을 받았을 때 반응하는 뇌의 부위가 같다고 밝혔다.

연구팀은 뇌의 중심 부위에 있는 선조체(striatum)라고 불리는 부위에 주목하여 건강한 남녀 대학생 19명을 대상으로 '신뢰할 수 있다', '상냥하다' 등 84개 종류의 칭찬하는 말을 보여준 결과, 금전적 보상을 받았을 때와 같이 선조체가 활발히 반응하는 것으로 나타났다(연합뉴스, 2008).

칭찬을 받으면 성적이 오른다.

1925년 미국의 심리학자 엘리자베스 허록(Elizabeth Hurlock)은 수학 수업을 받는 4학년부터 6학년까지의 학생들이 시험성적에 대해 칭찬 · 질책 · 무관심 등 다양한 피드백을 받았을 때 어떤 일이 일어나는지를 알아보는 연구를 하였다. 결과는 각 그룹의 학생들이 2, 3, 4, 5일이 지난 후 수학문제를 얼마나 많이 풀었느냐에 따라 결정되었다.

A그룹의 학생들은 성적 여하에 관계없이 칭찬을 받았다.

B그룹의 학생들은 성적 여하에 관계없이 질책을 받았다.

C그룹의 학생들은 칭찬도 질책도 받지 않았다.

하루가 지난 시점에서는 A와 B그룹의 학생들이 다른 학생들에 비해 성적이 좋았다. 하지만 그 후에는 급격한 변화가 일어났다. B그룹의 학생들은 갈수록 점수가 많이 떨어졌는데, 3, 4일째가 되면 C그룹의 학생들과 거의 비슷해졌다. A그룹의 학생들은 2일째부터 성적이 급격하게 향상되었는데, 연구가 끝나는 날까지 지속되었다. 5일째가 되던 날에는 A그룹의 학생들이 다른 그룹보다 성적이 뛰어난 것이 명확해졌다. 각 그룹의 향상 수준을 종합해 보면 A그룹 71%, B그룹 19%, C그룹 5%였다. 시간이 지남에 따라 칭찬받은 그룹의 학생들이 성적이 월등히 향상되었다.

어떻게 칭찬해야 하는가?

첫째, 능력보다 노력을 칭찬하라.

미국 콜롬비아대학 연구팀을 이끈 심리학자 캐럴 드웍(Dweck, 2006)은 10년간 뉴욕의 20개 초등학교 5학년 학생 400명을 대상으로 퍼즐문제를 제시하고 지능지수를 평가했다.

1단계에서는 아이들에게 아주 쉬운 문제를 낸 뒤 아이들을 임의로 두 그룹으로 나눴다. 한 그룹에는 "정말 똑똑하구나."라고 지적 능력을 칭찬했고, 다른 그룹에는 "열심히 풀었구나."라고 노력을 칭찬하였다. 2단계 시험에 앞서 1단계 시험과 비슷한 쉬운 문제와 더 어려운 문제 중 하나를 선택하도록 하였다. 노력을 칭찬받은 학생들의 90%가 더 어려운 문제를 택하였다. 지능을 칭찬받은 그룹은 대부분 쉬운 문제를 택하였다. 이에 대해 연구팀은 어려운 문제에 도전했다가 똑똑하지 않다는 평가를 받게 되는 것을 두려워하기 때문이라고 분석했다.

3단계에서는 두 그룹 모두에게 5학년 학생에겐 어려운 문제를 풀도록 하였다. 성적은 똑같이 엉망이었지만 반응은 크게 달랐다. 노력을 칭찬받은 그룹은 자신이 충분히 집중하지 않았기 때문에 실패했다고 생각했다. 그들은 문제를 열심히 풀었고 온갖 해결책을 적극 시도했다. 반면, 지능을 칭찬받은 그룹은 자신이 똑똑하지 않기 때문에 실패했다고 생각했다. 그들은 진땀을 흘리며 긴장한 채 괴로워했다.

마지막 4단계 시험에서는 1단계 시험만큼 쉬운 문제를 냈는데, 노력을 칭찬받은 그룹은 1단계 시험에 비해 30% 정도 성적이 오른 반면, 지능을 칭찬받은 그룹은 1단계 시험보다 20% 정도 성적이 하락하였다. 반복적인 연구를 통해 아이들은 노력을 강조하면 스스로 성공을 통제할 수 있다고 믿게 되지만, 지능을 강조하면 오히려 통제력을 앗아갈 수 있다는 것을 확인하였다.

또 다른 연구에서는 학생들에게 성적표를 직접 작성하도록 했는데, 지능을 칭찬받은 학생들의 40%가 자신의 점수를 부풀리는 거짓말을 한 반면, 노력을 칭찬받은 학생들은 거짓말을 거의 하지 않았다(포 브론슨 · 애쉴리 메리먼, 2009).

둘째, 성과를 칭찬하라.

미국 오리건 주 리드대학 연구원들은 다른 사람과 비교하는 칭찬(비교칭찬)과, 스스로 문제를 해결하는 능력에 대한 칭찬(성과칭찬), 두 가지 중에서 어느 것이 더 효과적일지를 알아보기 위해 초등학교 4~5학년 학생들에게 퍼즐문제를 주고 두 가지 방법으로 칭찬을 하였다.

한 그룹의 아이들에게는 비교칭찬을 해 주었다.

"대단하구나. 다른 그룹보다 잘하는데? 대부분의 아이들은 풀지 못하더구나."

다른 그룹의 아이들에게는 노력에 대해 칭찬해 주었다.

"잘 했다. 너희들의 노력은 대단해. 퍼즐에 대한 이해도가 탁월했어. 깊은 인상을 받았다."

그리고서 더욱 난해한 퍼즐문제를 풀도록 한 다음, 문제를 푼 학생들을 대상으로 설문을 했다. 노력에 대해 칭찬받은 학생들은 자신의 내적 동기에 의해 문제를 풀었다고 답하였다. 어려움에

도전하는 자신을 즐기면서 문제를 푼 것이다. 반면, 비교칭찬을 받은 아이들은 칭찬을 하는 사람이 없으면 오히려 역효과를 냈다. 비교하는 칭찬은 1등만을 강조했다. 그래서 1등을 했다고 하더라도 다음에 성적이 좋지 않으면 어떻게 될까? 하는 걱정을 한다. 언제나 1등만을 할 수 없는 법이다. 따라서 비교하는 칭찬은 성취도가 낮은 아이들에게는 상처가 될 수 있다(데보라 노빌, 2010).

셋째, 칭찬만 하면 효과가 없다.

입에 발린 칭찬은 효과가 없다. 칭찬도 남발하면 칭찬중독에 걸린다. 잘못한 것에 대해서는 비판하고 잘한 일에 대해서는 칭찬을 하는 것이 칭찬의 효과를 높일 수 있다. 칭찬과 비판을 비율적으로 나눌 수는 없는 일이다. 사안에 따라 칭찬과 비판을 하면 된다.

사람들은 비판 후에 오는 칭찬을 더 좋아하는 경향이 있다. 이것을 소위 선 비판, 후 칭찬 원리라 한다.

사람들은 나중에 더 좋은 일이 있는 것을 선호한다.

아론슨과 린더(Aronson and Linder, 1965)는 80명의 여학생들을 실험 보조자와 피험자로 나누고, 실험 보조자로 하여금 피험자를 만나 상대에게 받은 느낌을 직접 들려주도록 하였다. 실험 보조자는 피험자에게 인상을 말해 줄 때 네 가지로 제시하였다.

① 처음부터 끝까지 일관되게 칭찬하였다.

② 처음에는 질책하다가 나중에는 칭찬하였다.

③ 처음에는 칭찬하다가 나중에는 질책하였다.

④ 처음부터 끝까지 일관되게 질책하였다.

사람들은 처음부터 끝까지 일관되게 칭찬만 하는 상황을 좋아할 것이라고 생각한다. 하지만 처음부터 끝까지 칭찬하는 것은 상대로 하여금 입에 발린 칭찬으로 생각하게 하기 때문에 칭찬의 효과가 적다. 실험 결과는 두 번째 조건, 즉 처음에는 질책하다가 나중에 칭찬하는 것에 호의적인 것으로 나타났다.

그러면 칭찬과 질책의 최적 비율은 어느 정도일까? 결혼에 관해 선구적인 연구성과를 낸 존 고트먼(Gottman, 1994)은 긍정적 상호작용과 부정적 상호작용의 균형에는 5대 1이라는 마법의 비율이 존재한다고 주장하였다. 즉 긍정적 상호작용 대 부정적 상호작용의 비율이 5대 1에 가까울수록 결혼생활이 성공적일 확률이 훨씬 더 높아진다는 것이다. 금실 좋은 부부는 비난이나 무시와 같은 부정적인 언행을 한 번 했다면 격려나 칭찬과 같은 긍정적인 표현을 적어도 다섯 번 이상 한다는 것이다. 그 비율이 5대 1 이하로 떨어지면 이혼으로 치닫게 된다.

고트먼이 창안한 5대 1 마법의 비율은 교수학습에도 그대로 적용될 수 있을 것이다. 칭찬이 좋다고 하여 칭찬으로만 일관하지 말고 질책을 양념으로 섞은 칭찬을 하라. 그러면 칭찬의 효과도 높아지리라.

넷째, 즉시 칭찬하라.

칭찬도 시효가 있다. 칭찬할 일이 있으면 즉시 하는 게 좋다. 지난 일에 대한 칭찬은 그것의 사실성과 진실성에도 불구하고 효과는 반감된다. 과거에 잘한 일에 대해 칭찬하는 말을 들으면 새삼스러워진다. 잊고 있던 것에 대해 기억을 더듬는 것은 쉽지 않다. 칭찬은 즉시 할 때 빛을 낸다.

만일 어떤 교수자가 작년에 가르친 한 학생에게 "너는 작년에 수학성적이 아주 좋았지."라고 하면서 머리를 쓰다듬어 주었다고 가정하자. 잘한 점에 대한 칭찬임에도 불구하고, 그 학생은 "선생님이 왜 저런 말씀을 하실까? 성적이 떨어진 것을 아시는 걸까?" 등등 칭찬의 기쁨보다는 그 이유를 찾는데 촉각을 곤두세울 것이다. 잘한 일이 있으면 즉시 칭찬할 때 효과가 있다.

2000년 하반기에 도입된 한솔제지의 '바로바로 포상제'는 즉시 칭찬하기의 좋은 사례이다(중앙일보, 2003). 이 제도는 선행을 하거나 경영개선에 도움이 되는 아이디어를 내어 주변으로부터 칭찬을 받는 직원들에게 그때그때 상을 주자는 취지에서 도입되었다. 즉시 칭찬은 선행한 사람의 잠재능력에 관심을 보이는 것이고, 이를 계기로 잠재능력을 한층 더 발휘하도록 하는 동기를 부여하는 것이다.

선행한 사원에게 상을 준다고 할 때 흔히는 거쳐야 하는 여러 절차 때문에 상을 주는 시점이 업적을 올린 때와 시차가 벌어져

빛이 바랠 수밖에 없었다. 하지만 '바로바로 포상제'는 상을 받을 자격이 있다고 직원들이 추천하면 팀장이나 부서장이 자신의 판단 아래 상을 주도록 했기 때문에 상의 진가가 적시에 발휘될 수 있다.

즉시 칭찬을 가장 잘 실행하는 곳은 스포츠 세계일 것이다. 그곳에서는 팀 플레이가 잘 될 때는 즉시 칭찬을 하여 격려한다.

"잘 했어, 화이팅!"

만일 팀원 중 누군가가 실수를 했을 때에도 역시 격려를 통하여 사기를 북돋워 준다.

"괜찮아, 잘 했어."

이 말 한 마디가 땀을 식혀준다. 용기를 붇돋워 준다. 더 잘 해야겠다는 다짐을 하게 한다.

다섯째, 구체적으로 칭찬하라.

"자네는 참 부지런 해."

이러한 칭찬은 구체적이지 않다. 무엇이 부지런한지를 이야기해야 한다.

"자네는 어제 자기 일을 끝내고 동료들의 일까지 자발적으로 도와주었지."

자기 일을 다 끝내 놓고 동료의 일까지 도와주었다는 사실이 부지런하다는 점을 구체적으로 이야기해야 한다.

더 격려하고 싶으면 좋은 결과를 가져왔던 행동을 강조해서 칭찬하라.

"여러분이 서로 지원해 주는 모습을 보면 늘 감동적입니다. 회사사정이 어려울 때는 특히 그렇지요. 지금도 자랑스럽게 기억하는 일이 있습니다. 지난 10월에 비서가 2주 동안 병가를 냈다가 출근한 일이 있었지요. 그때 동료들이 자신의 우편물을 완벽하게 정리해 둔 것을 보고 정말 기뻐하더군요."

남녀 간에는 상대로부터 사랑을 확인하려는 잠재의식이 있다. 젊은 남녀가 연애할 때도 그렇고, 부부 간에도 그렇다.

아내가 남편에게 "당신 나 어디가 좋아?" 하고 물었을 때 남편은 잠시 머뭇거리다가 "모두 다 좋아."라고 대답한다. 하지만 아내는 남편의 그 대답이 진실성이 없다고 생각할 것이다. 왜냐하면 구체성이 없기 때문이다. 이럴 땐 구체적으로 답하는 것이 좋다.

"당신의 웃는 눈이 예쁘고, 무엇보다 마음이 착하지."

아이들을 칭찬할 때도 마찬가지다. '잘했다.', '못했다.' 식으로 말하지 말고 구체적인 부분을 꼭 집어 얘기해라.

"토끼를 빨간색으로 그렸네. 엄마는 빨간 토끼는 상상도 못 했는데."

"토끼의 귀를 예전보다 더 길게 그리니까 진짜 토끼 같구나."

26. 질문하기

나는 누구인가? 스스로 물으라.
자신의 속 얼굴이 드러나 보일 때까지 묻고 묻고 물어야 한다.
– 법 정 –

어느 날 지하철을 타고 어딘가를 가던 길이었다. 맞은편에 3~4세쯤 된듯한 꼬마가 엄마와 함께 앉아서 다정하게 무언가를 이야기하고 있었다. 꼬마는 차창을 내다보면서 눈에 들어오는 풍경이나 사물에 대해서 이것저것 엄마에게 묻고 있었다. 꼬마의 질문에 대해 엄마는 아이의 눈높이에 맞춰 대답을 해 주었다. 호기심이 많은 아이 같았고 나이에 비해 질문의 수준도 높았다. 엄마는 아이에게 질문을 하고는 아이가 답을 즉각적으로 말하지 않으면 실망을 하거나 빨리 답을 하도록 재촉했다. 아이는 답을 말하지 못하고 울음을 터트리고 말았다. 알고 있는 것도 서두르면 머리에 떠오르지 않는다. 기다리는 자에게 복이 있나니, 학생들에게 질문을 하고 기다리는 시간을 갖자.

어째서 질문인가?

다른 사람의 말을 주의 깊게 듣는 것 못지않게 중요한 것이 효과적으로 질문하는 능력이다. 훌륭한 질문을 통해서 의사소통을 하는데 필요한 추가적인 정보를 얻을 수 있다.

소크라테스는 아고라 광장을 쏘다니며 아테네의 젊은 청년들과 즐겨 대화를 나누었다. 끊임없이 질문을 던지고 그 질문에 대답하는 대화의 방법을 문답법 또는 산파술(産婆術)이라고 한다. 문답법을 통해 제자와 대화를 한 이후 2,000여 년간 질문은 교수법의 중요한 부분이 되어 왔다.

일찍이 질문의 중요성을 깨닫고 실천한 민족은 유태민족일 것이다.

유대인들은 점잖은 것(조용한 것)이 덕목이 아니고, 적극적으로 자기 의사를 표현하는 것이 미덕이라고 여긴다. 즉 유대인들은 질문을 많이 할수록 공부에 흥미를 갖게 되고, 배운 것을 그대로 받아들이기보다는 그것을 여러 관점에서 보려고 노력함으로써 창의력이 키워진다고 생각한다.

유대인들은 자녀들을 학교에 보낼 때 "선생님께 질문을 많이 하거라."라고 당부한다. 아이가 학교에 갈 때 "선생님 말씀 잘 들거라."라고 하고, 질문을 많이 하는 아이에 대해서는 귀찮게 생각하는 우리나라의 학부모나 교수자들과는 대조가 된다.

질문은 창조적 사고를 이끌어내는데 있어서 중요한 역할을 한다. 평범한 것 같지만 왜? 어떻게? 등의 질문을 끊임없이 함으로써 새로운 것을 발견할 수 있다.

일본 동경제국대학의 이케다 기쿠나에 교수는 어느 날 저녁을 먹다가 색다른 국물 맛을 보고 아내에게 물었다.

"정말 맛있네! 뭘 넣고 끓인 거지?"

아내는 웃으며 대답했다.

"다시마를 우려 낸 국물을 넣었지요. 맛이 참 깔끔하죠."

다른 사람들은 여기서 고개를 끄덕이고 말았을테지만, 이케다 기쿠나에 교수는 한 번 더 질문을 던졌다.

"다시마라…… 다시마에서 어떻게 이런 맛이 나오는 걸까?"

그는 답을 찾기 위해 연구에 돌입하였다. 우선 다량의 다시마를 준비하여 국물을 우려냈다. 국물을 가열하여 물을 완전히 증발시키자 침전물이 생겼다. 다시마 표면에 붙어있던 흰 가루였다. 그는 흰 가루를 정제하여 요소 하나씩 분리해 보았다. 그렇게 얻은 흰 결정체가 아미노산의 하나인 글루탄산 나트륨이다. 감칠맛을 내는 비밀의 열쇠이자 두 번째 질문의 답이었다.[12)]

이렇게 하여 1908년 이케다 기쿠나에 교수가 발명한 아지노모토(味元)는 일본의 10대 발명품 중 하나로 꼽힌다.

호기심이 없는 사람은 의문이 있을 수 없다. 위대한 발명가들은 한결같이 어떤 사물을 예사롭게 보지 않았다. 자기 자신에게 끊임없이 질문한 결과 위대한 발명품이 만들어졌다.

조급한 성격의 한국인

우리나라 사람들은 조급증이 심하다. '빨리빨리' 라는 말을 입에 달고 산다. 식당에 가서 음식을 주문할 때 "빨리 나오는 걸로 주세요."라고 말한다. 얼마나 조급하면 "번갯불에 콩 구워먹는다.", "우물에 가서 숭늉 찾는다."는 말이 나왔을까? 학원가에서도 '속성', '단기완성' 이란 말이 유행이다. 단기에 속성으로 마스터하는 강좌가 인기가 있다. 출근길 지하철에서 내린 승객들은 '준비, 땅!' 이라는 출발신호가 없어도 재빨리 뛰어간다. 여유를 갖고 자기 속도대로 가는 사람들을 보기 힘들다.

성질이 급한 것은 개인의 타고난 성격이니 어찌할 수 없지만, 시도 때도 없이 급한 성질을 참지 못하면 곤란하다.

성질이 급한 사내가 국숫집 문간으로 들어가면서 큰 소리로 외쳤다.

"왜 아직 국수를 안 가지고 오는 거야?"

그가 자리에 앉자마자 종업원이 국수를 식탁에 놓으면서 말했다.

"빨리 드세요. 그릇을 씻어야 하니까요."

그는 집에 돌아와 아내에게 말했다.

"화가 나서 죽을 지경이야."

말이 채 끝나기도 전에 아내는 벌써 보따리를 싸놓고 말했다.

"당신이 죽었다니 나는 재혼을 해야겠어요."

아내가 재혼하고 하루가 지났을 뿐인데 두 번째 남편이 이혼을 하겠다고 하였다. 아내가 이상해서 까닭을 물었더니 그는 화를 내면서 말했다.

"왜 아직 아이를 낳지 않는 거야?"(김태완 편역, 2007: 686)

이쯤 되면 가히 급한 성미 콘테스트라 할 수 있지 않은가?

우리나라 사람들의 '빨리빨리' 근성은 외국인들도 놀랄 정도다. 우리나라에 사는 외국인들이 뽑은 한국인의 '빨리빨리 베스트 10'을 보면 어느 하나 공감되지 않는 게 없다(강준만, 2006: 38).

① 자판기 컵이 나오는 곳에 손을 넣고 기다린다.

② 버스 정류장에서 버스와 추격전을 벌인다.

③ 화장실에 들어가기 전에 지퍼를 먼저 내린다.

④ 삼겹살이 익기도 전에 먹는다.

⑤ 엘리베이터 문이 닫힐 때까지 닫힘 버튼을 누른다.

⑥ 3분 컵라면이 익기 전에 뚜껑을 열고 먹는다.

⑦ 엔딩 크레디트가 끝나기 전에 영화관에서 나간다.

⑧ 화장실에서 볼 일을 보면서 양치질을 한다.

⑨ 웹사이트가 3초 안에 안 열리면 닫아 버린다.

⑩ 편의점 등에서 음료수를 마시고 나서 계산한다.

나 역시 성격이 조급한 편이다. 가족들과 외출할 때면 내가 먼저 서두른다. 느긋한 가족들을 보면 한편으론 부럽기도 하고, 한편으론 속에 불이 나기도 한다. 누구와 약속을 할 때면 그 시간보다 일찍 나가서 기다려야 마음이 편하다.

어느 날 나는 거리를 거닐면서 빨간색과 파란색이 번갈아 깜빡이는 신호등을 보고 내가 살아온 길을 생각해 보았다. 급하게만 살아온 인생이었다. 그때 신호등이 날 보고 급히 가는 것이 행복이 아니라는 걸 귀띔해 주었다. 신호등은 나의 삶에 대한 성찰이고 나를 시인으로 만들어 준 시의 소재이다.

신 호 등

길거리 신호등이 쉬엄쉬엄 가라한다
앞만 보고 달렸는데 어디쯤 간 것일까
왔던 길 되돌아보니 한순간의 삶이었다

빨간불 파란불이 번갈아 곰돌았다
가다가 멈춰 서고 섰다가 달려온 삶
지천명(知天命) 달려온 길을 되짚어 갈 수 있나

오십보백보인데 마음은 만보였다
가다가 뒤돌아보면 그것이 그것인데
마음에 빨간불 켜면 세상이 파란불인 걸

뒷사람 뵈지 않고 앞사람이 커보였다
파란불 보는 순간 나 혼자 달려갔다
그것도 한순간인 걸 먼저 가는 게 행복인 양

어떤 버섯은 6시간이면 자라고, 호박은 6개월이면 자란다. 그러나 참나무는 6년이 걸리고 건실한 참나무로 자태를 드러내려면 100년이 걸린다고 한다. '빨리빨리'가 능사가 아니다. 느림에 관한 관심이 증대되고 있는 이유이다.

질문 시 기다리는 시간을 갖자

참고 기다리는 자에게 복이 있나니, 조급해 하지 말고 여유를 갖고 기다리자. 유명한 '마시멜로 이야기'를 알고 있을 것이다. 그것은 1960년대 미국 스탠포드대학에서 행한 아이들의 욕망과 자제심에 관한 실험 결과이다(호아킴 데 포사다 외, 2005).

연구진은 방에 있는 4살짜리 아이들에게 마시멜로를 한 개씩 나누어주고 연구진이 돌아올 때까지 먹지 않으면 한 개를 더 준다는 말을 하고 방을 나갔다. 어떤 아이는 연구진이 나가자마자 먹어치웠고, 어떤 아이는 먹지않고 있었다. 20분 후에 연구진이 돌아왔을 때 먹지않고 기다린 아이들은 두 개를 더 먹을 수 있었다.

참고 기다렸다가 두 개의 마시멜로를 먹은 아이는 인내심이 있고 서두르지 않는 사람으로 성장했지만, 기다리지 못하고 먹어버린 아이는 고집스럽고 우유부단하였다. 이 아이들이 중학교에 다닐 때는 그 차이가 뚜렷하여 두 개의 마시멜로를 먹은 아이들은 적응력과 모험심이 강했고, 사람들과 잘 어울리고 자립심 있는 청소년으로 자랐다. 반면, 마시멜로를 먹어치운 아이들은 괴팍하고 쉽게 좌절하며 고집이 세었다.

학습능력에 관한 조사에서도 기다린 아이들은 평균 210점이라는 높은 점수를 받았다. 십여 년이 지난 후 다시 조사한 결과, 기다린 아이들은 성공했고 성적도 좋았으며, 사업에서도 크게 성공하였다. 역시 기다리는 자가 성공하는 법이다.

가르침에 있어서도 여유를 갖고 기다리는 것이 필요하다. 성급한 교수자는 미숙한 학생을 만들어 낸다. 학생들이 교수자의 질문에 곧바로 답을 하지 않아도 조금만 참고 기다리자. 성격이 급하다고 하더라도 내색하지 말고 조금 더 기다리자. 학생들의 대답이 더디게 나온다고 하더라도 참고 기다리는 교수자에게 복이 있나니, 기다리는 시간(wait-time)을 갖자. 기다리는 시간이란 교수자의 질문에 대해 어떤 학생이 처음으로 답할 때까지 교수자가 말하지 않고 있는 시간을 말한다.

로위(Rowe, 1974)가 조사한 바에 의하면, 질문을 한 후 기다리는 시간은 일반적으로 1.5초 이상 지속되지 않았다. 고등학교 교사는 평균 1초 남짓 기다리는 시간을 가졌고, 초등학교 교사는 평균 3초 동안 학생들의 답을 기다렸다. 1~3초라는 시간은 재생능력이 느린 학습자(slower retriever)에게는 결코 충분한 시간이 아니다. 즉 머릿속에 들어있는 지식을 재생해내는데 좀 더 많은 시간을 필요로 하는 학습자들에게는 길지 않은 시간이다.

로위는 기다리는 시간이 3초 이상 지속될 때 학생과 교사의 행동 및 태도에 많은 긍정적인 일이 일어난다는 것을 발견하였다.

학생들이 나타내는 긍정적인 결과는 다음과 같다.

- 길고 정확한 답을 하였다.
- "몰라요."라고 말하는 횟수와 무응답이 감소하였다.
- 자발적이고 올바른 답을 하는 학생들의 수가 크게 증가하였다.
- 학생들의 성적이 향상되었다.

한편, 교사의 행동과 태도에서 나타나는 긍정적인 변화는 다음과 같다.

- 질문하는 전략이 보다 다양하고 유연하였다.
- 질문의 양이 증가하고 질이 높아지고 다양해졌다.
- 학생들이 보다 복잡한 정보를 처리하고 높은 수준의 사고를 요하는 보충질문을 하였다.

로위(Rowe)는 교사가 5초 이상 기다리는 시간을 가지면 학생들에게 다음과 같은 긍정적인 일이 일어난다는 사실을 발견하였다.

- 응답의 길이가 길어지고 질이 향상되었다.
- 반응속도가 느린 학습자(slower learner)의 참여가 크게 증가하였다.
- 추론을 뒷받침하는 보다 많은 증거를 활용하였다.
- 보다 고차원적인 응답을 하였다.

이러한 결과는 모든 과목, 모든 학년에서 한결 같이 나타났다.

로위는 또한 오랫동안 지속적으로 기다리는 시간을 가졌던 교사의 행동이 긍정적으로 변화된 점에 주목하였다.

- 보다 고차원적인 질문을 하였다.
- 응답을 평가함에 있어서 융통성이 많아졌다.
- 반응속도가 느린 학생의 성취수준에 대한 기대가 높아졌다.

질문을 하고나서 교수자 자신과 학생을 위해서 성급함을 참고 몇 초만 더 기다리자.

비법

모든 일의 성공 뒤에는 비법(know-how)이 숨겨 있다. 시간을 많이 들인다고 해서 좋은 결과가 나타나는 것은 아니다. 주어진 시간을 최대한 효율적으로 활용하여 학습효과를 높이는 것이 성공의 비법이다. 수업에도 비법이 있다.

27 초두-최신효과

첫 번째 둘 것을 첫째로 하면 두 번째 것은 들어오지만,
두 번째 것을 첫째로 하면 첫째와 둘째 모두 잃는다.
- C. S. 루이스 -

대학시절 어느 교수님은 강의실에 들어오자마자 출석을 불렀다. 이름을 부르고 얼굴 한 번 쳐다보며 아주 느린 속도로 출석을 점검하였다. 출석을 부르는 시간은 짧게 잡아도 10분은 걸렸던 것 같다. 그 다음에는 이런저런 이야기를 하며 시간을 지체하는 것이 다반사였다. 20분이 지난 후에야 비로소 본격적인 수업이 시작되었다. 50분의 수업시간 중 20분은 짧지 않은 시간이다. 학습동기가 높은 황금같은 시간을 출석호명과 잡담으로 흘려보낸다는 것은 시간낭비가 아닐 수 없다. 루이스의 충고를 수업에 적용한다면 먼저 해야 할 것을 하지 않고 순서가 바뀌면 학습효과도 기대하기 어렵다. 수업에서도 우선순위가 있다. 수업에 있어서 가장 먼저 가르쳐야 할 것은 무엇인가?

뇌는 처음과 끝을 잘 기억한다

①~⑩번에 제시된 다음 숫자를 15초간 바라보고 순서대로 해당 숫자를 암기해 보라.

번 호	숫 자	번 호	숫 자
①	32	⑥	43
②	7	⑦	25
③	24	⑧	6
④	12	⑨	51
⑤	5	⑩	27

이번에는 해당되는 번호에 기억나는 숫자를 적어보자. 기억이 나지 않는 번호의 숫자는 공란으로 남겨두면 된다.

어떤 결과가 나왔는가? 몇 번의 숫자를 맞추고, 몇 번의 숫자를 맞추지 못했는가? 아마도 처음과 끝부분에 있는 숫자는 비교적 많이 맞췄지만 중간에 있는 숫자는 많이 맞추지 못했을 것이다.

단어의 회상률은 목록내의 위치에 따라 달라지는데, 순차적 위치상 맨 먼저 제시된 몇 개 항목들과 마지막에 제시된 몇 개 항목들의 회상률이 높고, 중간에 제시된 항목들의 회상률이 낮다. 이것을 순차적 위치효과(serial position effect)라고 하는데, 특히 맨 먼저 제시된 항목들의 회상률이 높은 것을 초두효과(primary effect), 마지막에 제시된 항목들의 회상률이 높은 것을 최신효과(recency effect)라고 한다.

필자가 가르치는 A(26명) · B반(30명)의 56명의 대학생들을 대상으로 한 사례에서도 초두-최신효과가 그대로 나타났다. 학생들에게 ①~⑩까지의 번호가 적힌 종이를 나누어주고 1~2자리 숫자 10개를 각각 2번씩 불러주고 생각나는 숫자를 해당 번호에 적도록 하였다. 그 결과는 [그림 9]와 같이 초두-최신효과의 전형적인 형태로 나타났다(차갑부, 2010: 201).

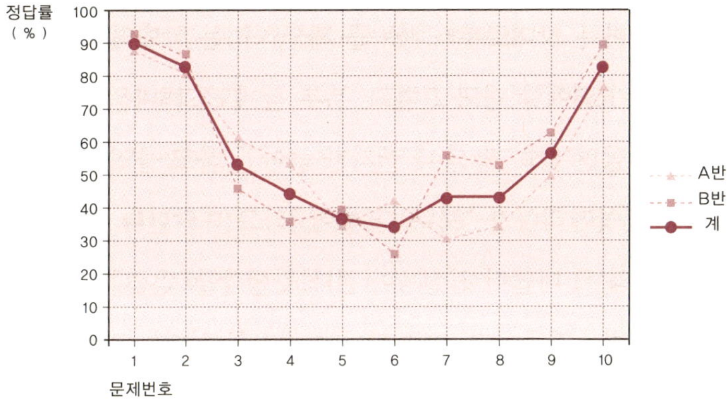

그림 9 초두-최신 효과

미국의 심리학자인 C. I. 홉랜드의 실험에서는 12개의 단어를 늘어놓고, 피험자들에게 어떤 위치에 있는 단어가 가장 기억하기 쉬운지를 테스트하였다. 그 결과, 대부분의 사람들이 정확히 기억한 것은 첫 번째 단어였다. 이후로는 실수가 점점 많아져서 7~8번째에서 가장 많았다가 다시 실수가 급격히 줄어 12번째는 두 번째로 실수가 적었다.

이러한 사실은 밥 파이크(Pike, 2004: 209)에 의해서도 증명되었다. 그는 9개의 숫자를 제시하고 그것을 큰 소리로 읽게 한 후 첫 번째, 마지막, 중간에 있었던 숫자를 적도록 하였다. 그 결과, 95%의 사람들이 첫 번째 숫자를 정확히 기억하고, 65~90%의 사람들이 마지막 숫자를 기억한 반면, 20% 미만의 사람들만이 중간 숫자를 기억하였다.

사람들이 무언가를 기억하려고 할 때 단기기억에서 장기기억으로 옮겨간다. 이때 같은 내용을 복창, 즉 여러 번 반복해서 외운다. 초두효과는 복창과 관계가 있다. 앞에 있는 내용은 다른 내용보다 많이 복창하게 되어 단기기억에서 장기기억으로 이행하게 되는 것이다.

최신효과는, 마지막에 제시된 항목들이 직후의 기억 검사 시 여전히 단기기억에 유지되어 있는데 기인한다. 최신효과는 입력한지 얼마 안 되어 아직 기억에 남아있기 때문에 일어난다.

중요한 정보를 먼저 가르쳐라

소우사(Sousa, 2006: 90)는 수업시간의 앞부분을 제1황금시간(prime-time-1)이라 하고, 끝부분을 제2황금시간(prime-time-2)이라 하였으며, 그 중간부분을 침체시간(down-time)이라 명명하였다. 이는 새롭거나 중요한 것을 먼저 가르치고, 마지막에 정리하는 것이 효과적이라는 것을 말해 준다.

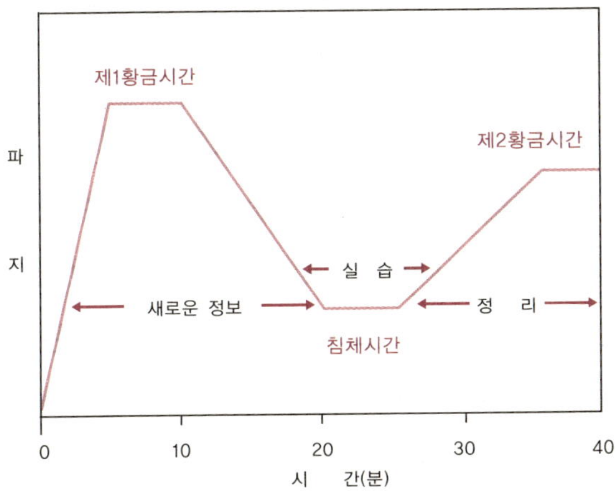

그림 10 황금시간과 침체시간

교수자는 세 가지 형태의 정보를 가르친다. 알아야 할 정보(Need to Know), 알면 좋은 정보(Nice to Know), 그리고 참고사항(Where to Go)이 그것이다. 알아야 할 정보는 글자 그대로 반드시 알아야 할 핵심적인 정보이고, 알면 좋은 정보는 반드시 알 필요는 없지만 정보를 습득했을 때 도움이 되는 정보를 말한다. 참고사항은 알아도 그만, 몰라도 그만인 그야말로 참고할 정보를 말한다.

시간이 한정되어 있는 수업을 할 때 교수자가 우선적으로 가르쳐야 할 정보는 알아야 할 정보이다. 그렇지 않고 다른 유형의 정보, 즉 알면 좋은 정보나 참고사항을 가르친다면 핵심을 놓친 알맹이 없는 수업이 된다. 알면 좋은 정보나 참고사항은 시간적 여유가 있을 때 사용하는 히든 카드(hidden card)다.

알아야 할 정보, 즉 새롭거나 중요한 지식이나 기술은 제1황금시간에 가르쳐야 한다. 왜냐하면 이 시간대는 초두효과에 의해 기억이 가장 잘되기 때문이다. 이 시간대에 제시하는 것들을 학습자들은 거의 모두 기억할 수 있다. 이때에는 올바른 정보만 제시해야 한다. 어떤 교수자들은 학습자들에게 학습동기를 부여한다는 명목하에 훈시나 잡담을 하면서 금 같은 시간을 낭비하기도 한다. 새로운 내용을 가르치려고 하면 이미 침체시간에 와 있어서 학습자들의 집중력이 떨어지게 된다.

침체시간에 접어들면 연습/실습(practice)을 하도록 해야 한다. 이 시점에서 정보는 더 이상 새로운 것이 아니며, 실습은 학습자가 앞으로 활용하기 위해 새로운 정보를 숙달하는데 도움이 된다. 연습은 학습자들의 학습동기와 주의력을 높이는데 효과적이다. 학습자들이 새로 학습한 내용을 과거에 배웠던 것과 관련시켜 토론하도록 하는 것도 좋은 방법이다. 침체시간에는 보다 많은 노력과 주의를 집중해야 학습내용을 기억할 수 있다.

수업시간이 길어질수록 침체시간이 늘어난다. 수업시간이 20분일 경우 침체시간은 10%인 약 2분, 40분일 경우에는 25%인 10분, 80분일 경우에는 38%인 30분이 된다.(〈표 9〉).

침체시간이 늘어나면 그만큼 수업을 진행하는 교수자로서는 학습자들의 집중력을 유지하기 위해 보다 많은 노력을 해야 한다. 집중력이 떨어진다는 것은 정신력의 분산을 의미한다. 정신이 분산되는 것을 방지하기 위해서는 교수자 중심의 교수법을 지양하고 학습자 중심의 활동지향적 수업을 해야 한다. 이 시간대에 교수자의 일방적인 강의는 학생들을 '꿈의 세계'로 인도하기 때문이다.

표 9 평균 황금 및 침체시간

시간(분)	황금시간		침체시간	
	총 시간(분)	비율(%)	총 시간(분)	비율(%)
20	18	90	2	10
40	30	75	10	25
80	50	62	30	38

*출처: Sousa(2006: 93).

만일 강의를 해야 할 경우에는 유머 등을 활용하여 학생들이 교수자의 이야기에 귀 기울이도록 해야 한다. 학습자의 주의집중력을 유지해야 할 시간이 바로 이 시간대이다.

끝나기 몇 분 전이 되면 잠자던 학생들도 기지개를 켜며 일어날 준비를 한다. 다시 집중력이 살아난다. 처음에 들었던 수업내용은 기억하지만, 수업시간 중간에 했던 이야기는 잠에 묻혀 생각이 나지 않는다. 이 시간에 학습한 내용을 요약·정리해야 하는 이유가 바로 여기에 있다.

수업시간에 다루었던 내용을 수업 끝부분에 요약·정리했을 때 오랫동안 기억할 수 있다. 〔그림 11〕은 수업이 끝날 무렵에 요약 · 정리를 했을 경우와 그렇잖은 경우의 기억의 정도를 비교한 것이다. 요약 · 정리를 했을 경우에는 수업이 끝난 후 상당 시간이 경과해도 기억에 남아있음을 보여준다.

학습자들이 학습한 내용을 오래도록 기억하기를 원한다면, 수업 끝부분에 요약 · 정리하라.

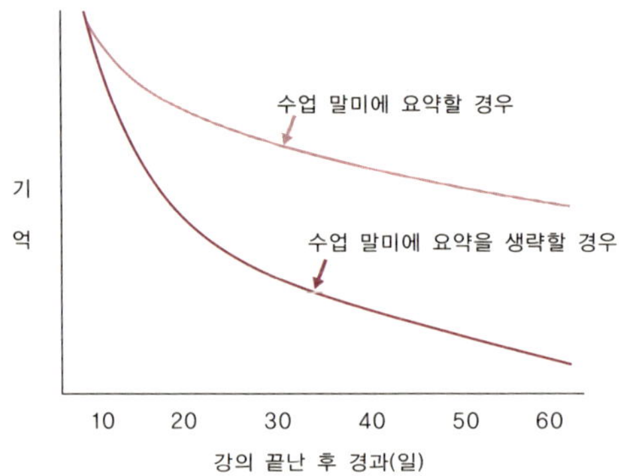

그림 11 요약 · 정리의 효과

* 출처: Biggs(2003: 103)

28. 자이가닉 효과

모든 미완성을 괴롭게 여기지 말라. 미완성에서 완성에 도달하려는 노력이 필요하기 때문에 신이 일부러 인간에게 수많은 미완성을 내려주신 것이다.
– 아놀드 –

대학에 시간강사로 출강하던 시절에 나는 3학점짜리 전공과목을 가르친 적이 있다. 3시간을 속강해야 했는데 여간 힘든 일이 아니었다. 일단은 한 번에 다루어야 할 내용이 많은데다가 학생의 입장에서는 3시간을 연속으로 강의를 듣는다는 것이 고도의 인내력을 요구하기 때문이다. 집중력이 떨어진 학생들은 잡담을 하기도 하고 잠을 자기도 하며, 심지어는 강의실을 나가서 입실하지 않은 학생들도 있었다. 이러한 상황이 벌어질 때마다 강사로서 어떻게 해야 할 것인가에 대해 고민하지 않을 수 없었다. 수업의 운용방법을 알지 못했기 때문에 발생한 문제들이다. 아놀드의 말처럼, 신이 일부러 내려주었다는 '미완성의 의미'를 알았더라면 하는 아쉬움이 남는다. 수업에 미완성의 의미를 어떻게 적용할 것인가?

미완성이 아름답다

가수 이진관은 인생을 이렇게 노래한다.

"인생은 미완성, 쓰다가 마는 편지 (……)

인생은 미완성, 그리다 마는 그림 (……)

인생은 미완성, 새기다 마는 조각 (……)"

쓰다가 마는 편지, 그리다 마는 그림, 새기다 마는 조각처럼 '인생은 미완성' 이란다. 그렇다. 완성된 인생은 없다. 끝마무리를 하지 못한 편지, 아직도 그려야 할 부분이 많은 그림, 파고 깎고 다듬을 곳이 많은 조각, 바로 그것이 인생이다. 이 세상을 살다가 완성되지 않은 편지 · 그림 · 조각을 뒤로 한 채 홀연히 떠나야 하는 것이 우리네 인생이다.

이탈리아의 화가인 레오나르도 다빈치는 생존 시부터 명성이 높았다. 그에게 어느 날 부호(富豪)인 프란체스코 델 조콘다가 찾아와 작품을 부탁했다.

"내 아내의 초상화를 그려주십시오. 1개월이면 되겠습니까?"

"안됩니다."

"그러면 1년이면 되겠습니까?"

"그것은 내게 맡겨 주시지요."

다빈치는 무려 4년이나 걸려 초상화를 완성했다. 그는 작품을 조콘다에게 건네면서 말했다.

“이 그림은 아직도 미완성입니다.”

그 그림이 유명한 ‘모나리자’라는 작품이다. 그림 속의 그녀는 눈썹이 없는 얼굴로 입가에 희미한 미소를 머금고 있다. 완성되지 않은 그 자체로도 아름다운 매력이 있다.

슈베르트의 8번 교향곡은 일반적인 교향곡이 4장으로 구성되는 것과는 달리 2장으로 끝나기 때문에 ‘미완성 교향곡’이라는 별명이 붙는다. 형식으로는 미완성이지만 내용적으로는 결코 미완성이 아니다. 브람스는 이처럼 온화하고 친근한 사랑의 말로써 다정히 속삭이는 매력을 지닌 교향곡을 일찍이 들은 적이 없다고 극찬하였다.

우리는 일상생활에서 이루지 못한 일들이 오랫동안 가슴속 깊이 자리 잡고 있는 경험을 많이 했을 것이다. 헤어진 애인과 같이 지낸 날들을 생각해 보면 즐거웠던 일보다 부족했던 일, 아쉬웠던 일이 더 오래 기억에 남을 것이다. 우리는 완성된 일보다 미완성된 일을 더 잘 기억한다. 텔레비전 연속극은 앞으로 어떻게 될지 궁금한 장면에서 끝을 맺는다. 신문의 연재소설도 제일 흥미진진한 부분에서 ‘다음 호에 계속……’이라는 여운을 남기며 끝난다. 사람들은 진한 여운을 남기고 끝난 연속극과 연재소설의 다음 호를 고대한다.

“미완성이 아름답다.”

1920년대 독일의 블루마 자이가닉(Bluma Zaigarnik)은 순조롭게 흘러가는 과제라도 주기적으로 중단시키는 것이 더 많은 내용을 기억하게 된다는 사실을 발견하였다. 자이가닉은 32명의 성인 피험자들을 A, B 두 그룹으로 나누고 20개의 문제를 풀도록 했다. A그룹의 피험자들에게는 모든 문제를 풀 수 있는 충분한 시간을 주었고, B그룹의 피험자들에게는 문제를 푸는 도중에 중단시키고 다음 문제를 풀도록 하였다. 피험자들이 20개의 문제를 모두 끝내자마자 각자에게 제시된 문제를 기억하도록 한 결과, 정확하게 기억한 사람은 약 50%였다. 충분한 시간을 갖고 문제를 다 풀었던 피험자들보다 중도에서 그만두도록 방해를 받았던 피험자들이 두 배쯤 문제를 회상하는 비율이 높았다.

이런 결과가 생기는 것은 성취동기가 회상에 영향을 미쳤기 때문이다. 즉 미해결된 문제는 그것을 마저 완성하려고 하는 강한 동기가 작용하기 때문에 기억이 더 잘 되는 것이다.

이와 관련된 재미있는 이야기가 있다.

걸핏하면 늦잠을 자는 유명한 작곡가가 있었다. 하루는 그의 아내가 남편을 일찍 깨우기 위해 남편이 작곡한 곡의 앞 세 소절을 피아노로 연주했다. 아내의 피아노 소리를 들은 작곡가는 이리저리 뒤척이더니 겨우 몸을 일으켜 나머지 한 소절을 마저 연주했다고 한다. 완성심리가 작용해 머릿속에 기억한 악보대로 마지막 네 소절까지 피아노 연주를 마치도록 암시를 준 것이다(바이

판, 2012: 173).

이처럼 미완성 과제에 대한 기억이 완성과제에 대한 기억보다 더 잘 기억되는 현상을 자이가닉 효과(Zaigarnik effect)라고 한다.

휴식이 필요하다

그러면 학습침체기에 어떻게 해야 학생들의 주의집중을 유지할 수 있을까?

사람들의 주의집중 주기가 길지 않기 때문에 아무리 강의를 잘 한다고 하더라도 연속적으로 강의를 하게 되면 학습자들은 주의집중이 어려워서 견디기 힘들어 한다. 파이크(Pike)의 90/20/8의 법칙은 학습자의 주의집중 주기를 고려하여 교수자가 해야 할 것이 무엇인지를 잘 요약하고 있다. 즉 어떤 교육도 90분을 넘겨서는 안되고, 20분마다 속도를 변화시켜야 하고, 8분마다 학습자들을 참여시켜야 한다는 것이다. 변화를 준다는 것은 강사의 목소리, 말의 속도, 위치 등에 변화를 주어야 한다는 것을 뜻한다. 아울러 학습자들을 수업에 자주 참여할 수 있는 기회를 주어야 한다. "가르치지 말고 참여시켜라."는 말은 학습자들의 참여를 적극적으로 유도해야 함을 암시하는 것이다.

수업내용을 학생들의 머리에 억지로 구겨 넣을 수는 없다. 전체 수업시간 중에서 우리가 새로운 정보를 받아들이는데 사용하는 시간은 25%뿐이다. 나머지 75%는 정보를 저장하는데 사용하는데, 이 시간을 통해 뇌는 단기기억을 장기기억으로 변환시킨다. 이러한 시간을 주지 않는다면 뇌는 새로운 정보를 모두 망각해 버린다.

따라서 뇌가 쉴 시간을 주어야 한다. 자이가닉은 30분마다 5분간의 휴식시간을 주도록 권하고 있다.

한 심리학자가 피험자를 세 개 조로 나누고 이들에게 비교적 복잡한 문제를 냈다. 문제를 푸는데 걸리는 시간은 30분이다. 1조는 처음부터 문제만 풀게 했는데 55%의 사람들만이 문제를 풀어냈다. 2조는 문제를 푸는 중간에 30분 동안 다른 일을 하게 한 후 다시 문제를 풀게 했는데, 64%의 사람들이 문제를 풀었다. 3조는 중간에 4시간 동안 다른 일을 하다가 다시 문제를 풀게 했는데, 85%가 문제를 풀었다.

이 실험을 통해 어려운 문제일 수록 잠깐 쉬면서 생각을 가다듬으면 더 쉽게 풀 수 있다는 것을 알 수 있다(주통, 2009: 42-43).

휴식시간은 단순히 노는 시간이 아니라 다음을 위한 준비의 시간이다.

두 남자가 나무를 베기 위해 함께 숲으로 갔다. 한 남자는 점심시간을 빼고는 한 번도 쉬지 않고 계속 일을 했으나, 다른 한 남자는 여러 차례 쉬었고, 심지어 점심을 먹고 나서 낮잠을 자기도 했다. 해가 저물어 일을 마무리하면서 보니 쉬지 않고 일한 남자보다 쉬면서 일한 남자가 나무를 더 많이 벤 것이다.

"내가 볼 때마다 앉아서 쉬고 있었는데 나보다 더 많은 나무를 베다니 어떻게 그럴 수가 있지?"

남자는 진지하게 대답했다.

"내가 쉬면서 도끼날을 가는 건 못 봤군."

수업에도 쉼이 필요하다. 휴식 없이 3시간을 계속해서 수업을 한다면 어떻게 될까? 쉼표 없는 악보는 좋은 음악이 될 수 없는 것처럼, 쉼 없는 수업 또한 학생들의 집중력을 높이는 수업이 될 수 없다.

심리학 연구에 의하면, 50분마다 긴 휴식시간을 주어야 한다. 미국 육군이 반복적으로 테스트한 결과, 장기간의 군사훈련으로 단련된 젊은 병사들조차 1시간에 10분 휴식을 취하도록 함으로써 행군도 순조롭게 하고 정신력도 회복할 수 있었다. 따라서 미국 육군은 병사들을 반드시 쉬게 하였다(나이토 요시히토, 2007a: 192).

군대생활 할 때 고된 훈련을 하고 10분간의 휴식시간이 왜 그리 달콤했을까? 나는 육군훈련소에서 3년간 조교로서 군생활을 하였다. 전투경찰 병력의 훈련을 담당하면서 병사들이 가장 그리워하던 말이 수십 년이 지난 지금도 생생하다.

"10분간 휴식!"

그 다음에 이어지는 구호는 무엇일까?

"담배 1발 장전!"이다.

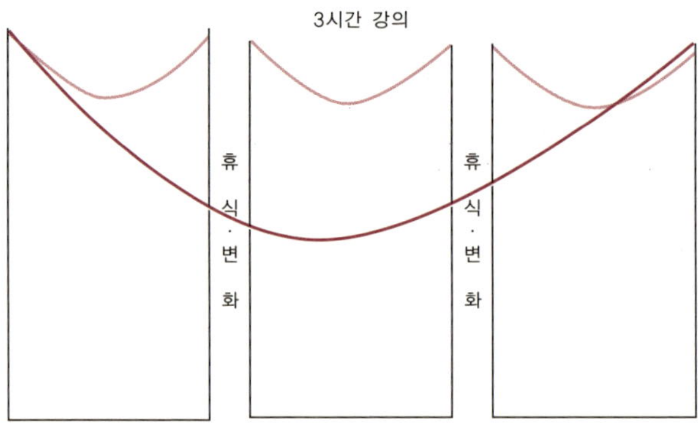

그림 12 **자이가닉 효과**

대학의 수업은 일반적으로 50분간이고 10분간 휴식을 한다. 초·중·고등학교는 40~50분 수업하고 10분간 휴식을 한다. 이 시간은 일과 관계없는 잡담을 하거나 머리를 쉬게 하는 것이 좋다.

29. 본 레스토프 효과

학생을 잘 다스리는 자는 그를 소경으로 인도하나,
잘 가르치는 스승은 그에게 눈을 주는 것이다.
– 로버트 사우스 –

수능의 인기강사를 보면 강의를 열정적으로 한다. 의상도 특이하고 요란한 소품까지 수강생들의 시선을 끌기에 충분하다. 어떤 인터넷 강사는 교수자로서는 해서는 안 될 욕도 하면서 강의를 하는데, 그럼에도 불구하고 수험생들이 그 강사의 강의를 많이 들어서 인기강사가 되었다고 한다. 인기강사의 비결은 학생들이 지루하지 않게 수업을 이끌어나가는 것이다. 수업이 한창 진행되는 시간, 학생들의 주의집중력이 떨어지는 시간을 특이한 방법으로 수업을 진행하여 집중력을 유지시키는 사람이 최고의 교수자다. 로보트 사우스의 말처럼, 교수자는 학생을 잘 다스리는 것보다 잘 가르치는데 힘써 그들에게 밝은 눈을 주어야 한다. 지루함을 없애고 학생들의 집중력을 유지할 수 있는 방법은 무엇일까?

기억의 천재들

우리는 텔레비전이나 신문 또는 서적을 통하여 기억의 천재들, 신동, 암기왕 등에 관한 이야기를 접하게 된다. 그럴 때마다 평범한 사람들에게는 그들이 마치 딴 세상 사람들 같이 느껴진다. 암기를 잘하는 사람들은 어떤 방법으로 그 많은 정보를 기억하는 것일까?

기네스북에 기억력의 왕으로 등재된 이스라엘인 에란 카츠(Eran Katz)는 기억력 왕답게 무작위로 조합된 20개의 단어를 1분 만에 암기하였다 청중들이 마구잡이로 불러준 영어 단어 20개를 차례로 칠판에 적은 그는 곧바로 뒤돌아선 뒤 청중들이 지정한 번호에 해당하는 단어를 전부 알아 맞혔다. 1965년에 태어난 그는 500개의 숫자를 한번 듣고 암기하여 1998년에 기네스북에 등재되었다.

그가 주로 사용하는 기억법은 '기마트리아(Gimatria)'라고 불리는 고대 유대인의 연상훈련법이다. 암기해야 할 숫자나 단어들에 특정 이미지를 연상시킨 뒤 엉뚱한 이야기를 만들어 연쇄적으로 기억해내는 방식이다. 예컨대, 숫자 1은 알파벳 T, 2는 N, 3은 M이라는 법칙을 미리 정해 익힌 뒤 12의 경우는 TiN, 32는 MaN으로 바꾸는 것이다. 이렇게 만들어진 단어를 순서대로 이야기를 지어내 엮는다. 그러면 연상작용으로 잘 외워지고 더 오래 기억된다는 원리다.

네델란드 사람인 윔 클라인(Wim Klein)은 학교에 들어간 지 얼마 안 되어 이미 다섯 자리 숫자의 곱셈을 몇 초 안에 해낼 정도로 암산에 뛰어난 재능을 보였다. 그는 24자리 수를 제시하면 즉석에서 바로 그 수를 외워서 30분 동안 여러 가지로 분해하고 계산하는 시범을 보이기도 했다. 100×100안에 드는 모든 수의 곱, 1에서부터 1,000에 이르는 모든 수의 제곱수를 외우고 있었으며, 150보다 작은 모든 수의 로그함수를 소수점 이하 다섯 자리까지 기억했다. 또한 10,000 이하의 모든 소수도 외우고 있었다.

1953년에 신형 프리덴 계산기가 전람회에서 선보일 때 그는 실연(實演) 위원에게 기계의 성능을 보여 달라고 청했다. 위원이 555555555555의 제곱근을 구해 보겠다고 말하고 막 버튼을 누르려할 때 윔 클라인은 "대략 745356쯤 나오겠구먼."이라고 했다. 실연 위원은 놀라서 입이 벌어졌다. 계산기가 구한 답은 745355.9924였다(로베르 클라크, 2003: 88-89).

사람들은 자신에게 전해지는 정보가 기존의 것과 다를 경우 더 잘 기억한다. 신기하거나 예상치 못한 새로운 정보는 사람들이 정보를 처리할 때 정보에 대한 현저성(생생함)을 높이기 때문이다. 독특한 사람이나 광고를 보면 보통 사람이나 광고보다 더 오래 기억하는 것과 같은 이치라 할 수 있다.

정보에 색깔을 입혀 가르쳐라

본 레스토프(von Restorff)는 기억의 천재들을 연구하였다. 그 결과, 그들은 정보에 특정한 방식으로 색깔을 입혀 기억함으로써 이러한 놀라운 묘기를 보여준다는 사실을 발견하였다. 이것을 본 레스토프 효과(von Restoff effect)라 한다. 예컨대, 기괴하거나 이국적이거나 놀랍거나 무섭거나 때로는 재미있는 방법 등을 통해 색깔을 입힌 정보는 두뇌에서 감정적 각성과 집중력을 한꺼번에 크게 증폭시키기 때문에 머릿속에 오래 남는다는 것이다.

예를 들어보자. 다음의 단어들을 몇 초간 본 다음 순서대로 맞춰 보라.

- Jump
- Cut
- Run
- Fly
- *Duck-billed platypus*
- Read
- Build
- Lay

어떤 단어를 가장 잘 기억할까? 아마도 명사형이고, 가장 길고, 이탈릭체고 색깔이 있기 때문에 *Duck-billed platypus*를 가장 쉽게 기억할 것이다. 정상적인 순차적 위치 곡선(serial position curve)은 리스트의 중간에 위치한 아이템이 기억하기 가장 어렵다는 것을 제시하지만, 이러한 불리한 점은 아이템을 특색이 있도록 하여 눈에 띄게 함으로써 기억을 촉진시킬 수 있다.

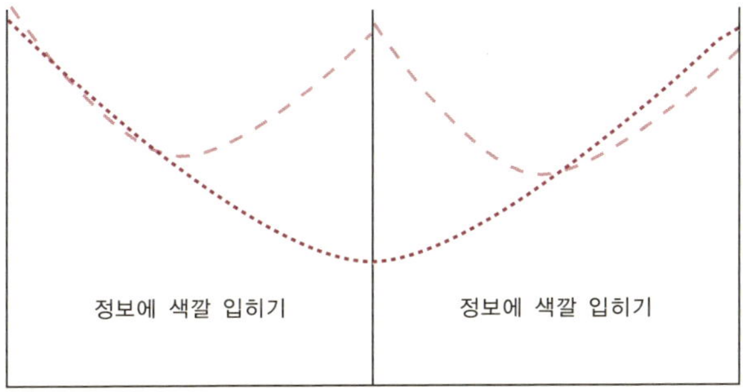

그림 13 본 레스토프 효과

앞에서 살펴본 순차적 위치 효과에 의하면, 우리 뇌는 처음과 끝에 제시되는 정보를 잘 기억한다. 중간에 있는 정보를 잘 기억하도록 하기 위해서는 본 레스토프 효과를 활용하는 것도 그 한 방법이 된다. 특이하고 변화가 있는 생동감 있는 수업이 바로 본 레스토프 효과를 활용한 수업이다. 학원강사들이 희한한 복장을 하고 수업을 하는 것도 본 레스토프 효과를 활용한 교수법의 일종이다.

미국의 하버드대학 정치철학과 샌들(Michael Sandel) 교수는 정보전달에서 한 걸음 더 나아가 학생들의 눈높이에서 호기심을 일깨우고, 배움에 관한 열정을 깨워 학습에 대한 도전의식을 불러일으키는 것이야말로 교수의 진정한 임무라고 주장한다. 그는 교수라면 누구나 수업을 하기 앞서 자기 자신에게 질문을 던져 보아야 한다고 말한다.

"자신이 학생 시절에 어땠는지, 강의실에 앉아있는 학생으로서 무엇이 재미있고 무엇이 지루했는지 곰곰 돌이켜봐야 한다. 그렇잖으면 우리가 그토록 경멸했던 엉터리 교수들과 달라질 바 없기 때문이다." (EBS 제작팀, 2008: 117-130)

학생들을 수업에 참여시키는 것도 수업에 색깔을 입히는 방법의 하나가 될 수 있다. 교수법의 대가인 조벽 교수는 교수법 특강 등을 통해서 우리에게 낯설지 않다. 그는 학생들을 수업에 능동적으로 참여시키는 것을 수업의 신조로 삼고 있다.

대부분의 교수들은 수업준비를 할 때 '내가 무엇을 할까?' 라는 생각으로 시작하는데 비해, 조벽 교수는 '학생들로 하여금 무엇을 하게 할까?' 에 초점을 맞춰 강의를 준비한다고 한다. 내가 무엇을 해야 할까?에 초점이 맞춰져 있으면 그 수업은 교수의 독무대가 된다. 이 경우 학생들은 수동적으로 앉아서 보는 관객일 뿐이다. 이리하여 그는 강의 중간중간에 학생들이 능동적으로 행동할 수 있는 기회를 준다.

조벽 교수가 학생들을 수업에 참여시키는 중요한 수단은 질문을 통해서다. 그는 학생이 질문하고 학생이 답하도록 하는 질문이 최상급 강의라고 주장한다. 반면, 교수가 질문하고 스스로 답하는 강의는 최하급 강의, 교수가 질문하고 학생이 답하면 조금

발전한 강의, 학생이 한 질문에 교수가 답하면 바람직한 강의라고 본다(EBS 제작팀, 2008: 55-85).

학생들을 수업에 참여시키는 이유는 몸으로 익히는 기억, 즉 절차적 기억이 오래 남기 때문이다. 절차적 기억은 어떤 일을 행할 때 절차와 관계있는 기억이다. 이러한 유형의 기억은 수행을 통하여 나타나는 기억이다. 예컨대, 과거에 자전거를 배운 적이 있으면 몇십 년간 타지 않아도 잊어버리지 않고 자전거를 탈 수 있을 것이다. 수업시간에 실습 등을 통하여 습득한 지식이나 기술은 쉽게 잊어버리지 않는다.

하지만 실습을 통한 학습은 처음 배울 때 제대로 배워야 한다. 그렇잖으면 잘못된 습관이 몸에 배게 되어 시간이 지난 다음에는 수정하기 어렵게 된다.

모차르트는 누군가가 자신을 찾아와서 음악을 배우고자 할 때면 반드시 물어본 말이 있다고 한다.

"예전에 음악을 배운 적이 있었습니까?"

유명한 음악가에게 배운 적이 있다고 하면 수업료를 두 배로 내라고 했다는 것이다.

시각화를 활용한 수업도 정보에 색깔을 입히는 좋은 방법이 될 수 있다. 인기 있는 강사들처럼 중요한 부분을 색분필 등으로 표시하면서 수업을 하면 기억을 촉진시킬 수 있다. 특히 청각형의 학습자들에게 있어서는 매우 효과적인 교수법이다.

30. 과제제시 수준

남을 가르칠 때는 선으로 가르치되 너무 높은 이상을 강조해서는 안된다.
그가 쉽게 따를 수 있어야 한다.
– 채근담 –

가르치는 사람이라면 누구나 어떤 수준의 내용을 가르쳐야 할 것인가에 대해 고민했을 것이다. 어떤 교수자는 학생들에게 수준 높은 수업을 하기 위해 어려운 문제를 선택하여 다룬다. 또 어떤 교수자는 속칭 '왕초보' 수준의 아주 쉬운 문제를 골라서 다룬다.

과제수준뿐만 아니라 그것을 가르치는 방법도 문제다. 쉬운 내용을 어렵게 가르치는 교수자가 있는가 하면, 어려운 내용을 쉽게 가르치는 교수자도 있다. 채근담에 있는 말처럼, 너무 높은 이상만을 강조해서는 사람들이 쉽게 따를 수 없다. 너무 어려운 내용을 어렵게 가르친다면 학습포기자가 발생한다. 학습의욕이 떨어지기 때문이다. 어떤 수준의 과제를 선택하여 어떻게 가르쳐야 할 것인가?

과유불급

무슨 일이고 한계를 넘으면 터진다. 우리는 과유불급(過猶不及)이란 말에 익숙해 있다. 지나침은 모자람만 못하다는 뜻이다. 차고 넘치는 것보다 분수에 맞게 적당히 있을 때 문제가 일어나지 않는다는 뜻일 것이다.

이솝우화에 나오는 개구리 이야기는 과유불급의 의미를 희화적으로 들려준다.

소가 물을 마시다가 어린 개구리를 밟아 죽였다. 그 개구리의 형제들은 어미 개구리에게 달려가서 이 사실을 알렸다.

"커다란 발을 가진 큰 동물이 저 웅덩이에 와서 순식간에 막내 개구리를 밟아 죽였어요."

어미는 우쭐대는 기질을 가지고 있었다. 어미는 개구리로서는 몸집이 큰 편이었는데, 그것을 자랑으로 여겨 거들먹거렸다.

"그 잔인한 동물이 얼마나 크더냐?"

"그건 괴물이었어요!"

"이만큼 크던?"

"훨씬 더 커요."

"그러면 이만큼 크던?"

어미는 있는 힘을 다해 숨을 들이쉬며 배를 내밀면서 말했다.

"훨씬 더 커요."

"그래, 그렇게 크더냐?"

어리석고 늙은 개구리는 결코 단념하려고 들지 않았다. 어미 개구리가 다시 한 번 숨을 들이쉬며 배를 내밀면서 말하려는 순간 어미 개구리는 배가 터져 죽고 말았다(이솝, 2005: 42).

물건을 담으려면 먼저 바구니 크기를 살펴야 한다. 바구니 크기보다 더 크면 물건을 담을 수 없다.

리민(2007)의 저서인 『이야기로 배우는 하버드의 지혜』에는 이런 이야기가 나온다.

연못가에 수많은 사람들이 둘러앉아 낚시를 하고 있었다. 한 남자가 대어를 낚아올리고는 요리조리 살펴보며 크기를 재더니 그 물고기를 도로 연못에 놓아주는 것이었다. 그리고는 다시 낚시를 시작했고 곧이어 다시 대어를 낚아올렸는데 이번에도 물고기를 요리조리 살피더니 연못에 놓아주었다. 잠시 후 좀 전의 것보다 훨씬 작은 물고기를 낚아올리자 그제야 그 물고기를 바구니에 담는 것이었다.

이상한 광경을 목격한 사람들이 그 남자에게 대어는 놓아두고 작은 고기만 잡는 이유를 물었다. 그러자 남자는 웃으며 이렇게 대답하였다.

“제가 들고 온 바구니가 작아서 이만한 크기의 물고기밖에 담을 수가 없거든요.”

우리는 월척을 좋아한다. 하지만 그릇에 비해 너무 큰 것은 담기 어렵다.

초등학교 다닐 때 가을 운동회날이면 학교 앞 점방에서 풍선을 사서 불었던 기억이 난다. 친구들과 함께 누가 더 크게 부는가 내기도 하였다. 나는 풍선이 터질까봐 불지도 못하고, 풍선이 조금씩 부풀어 오를 때면 터지는 소리에 신경이 쓰여서 귀에 온 정신을 쏟았었다. 운동장은 아이들의 풍선 터지는 소리가 끊이지 않았다. 그때 어린 맘이었지만 깨달았던 건, "풍선을 크게만 불려고 하지 말라."는 것이었다. 풍선을 크게 불면 터진다는 것, 그릇의 크기보다 더 많은 것을 담을 수 없다는 것, 이것이 세상을 살아가는 지혜이다.

학습자 수준보다 조금 어려운 과제를 제시하라

가르치는 일을 하는 사람이라면 어떤 수준으로 가르쳐야 하는지에 대해 고민한 적이 있을 것이다.

교수자가 학생들의 수준보다 낮은 내용을 제시하면 어떻게 될까? 익숙해진 습관은 뇌를 지루하게 한다. 익숙해진다는 것은 대뇌와 소뇌 안에 절차적 기억의 프로그램이 완벽하게 갖추어졌음을 의미한다(요네야마 기미히로, 2006: 93). 프로그램이 완성되면 그 동작은 무의식적으로 수행할 수 있게 된다. 그것은 뇌의 입장에서 보면 하품 나게 지루한 일이다. 그래서 익숙하지 않는 일에 도전장을 내는 일이 필요하다. 익숙함은 머리를 거의 쓰지 않아도 되기 때문에 편할는지는 모르지만, 편한 만큼 뇌에는 치명적이다. 끊임없이 변화를 추구하는 사람만이 머리가 좋아질 수 있다. 예컨대, 평소에 다니던 길이 아닌 다른 길로 다니는 것도 뇌를 싱싱하게 유지시켜 줄 수 있는 한 방법이다.

학습자가 다 아는 것을 가르치는 것은 학습자의 뇌를 지루하게 할 뿐이다. 학습자가 과제에 도전할 수 있는 기회를 박탈하는 것이다. 이때 학습자는 수업에 관심을 끊고 잠을 자거나 딴짓을 하게 된다.

반대로, 학습자 수준보다 너무 어려우면 어떻게 될까?

수업에서 다루는 내용의 수준(과제수준)이 너무 어려울 경우에 학습자들은 그것에 도전하는 대신 포기하고 만다. 어떤 일을 수행할 때 실패를 거듭하면 무기력하게 되는데, 이것을 학습된 무기력이라 한다. 시험에서 낙방을 거듭하면 학습하고자 하는 의욕이 떨어지는 것은 학습된 무기력의 결과이다.

긍정심리학의 대가인 마틴 셀리히만(Martin Seligman, 1975) 박사는 개에게 공포반응 실험을 하던 중 무력감이 학습된다는 사실을 발견했다.

셀리히만은 24마리의 개를 전기충격이 가해지는 우리에 가둔 후 세 가지 다른 조건에 따라 나타나는 개들의 반응을 관찰하였다. A집단의 개들은 어떠한 행동을 해도 전기충격에서 벗어날 수 없는 조건이었고, B집단의 개들은 전기충격을 받았을 때 나무판을 건드리면 전기충격에서 벗어날 수 있었으며, C집단의 개들은 아무 전기충격도 받지 않았다.

그러한 조건에서 24시간을 지낸 개들은 새로운 우리로 옮겨졌다. 새로운 우리는 가운데가 낮은 벽으로 가로막힌 두 개의 방으로 이루어져 있었는데, 한 방에서 전기충격이 왔을 때 벽을 넘어 다른 방으로 이동하면 전기충격을 피할 수 있었다.

실험 결과, B와 C그룹의 개들은 중앙의 벽을 넘어 전기충격을 피한 반면, A그룹의 개들은 충분히 도망갈 수 있는 상황임에도 불구하고 무기력하게 전기충격을 받았다.

사람 역시 자주 실패를 경험하게 되면 무기력하게 되고, 도전적인 과제에 접하게 되면 의욕을 상실하고 포기해 버린다. 쉬운 과제의 경우에는 학습동기나 목표가 높을수록 성공률이 높으나, 어려운 과제에서는 학습동기나 목표수준이 일정 수준 이상 높으면 오히려 성공률이 급격히 감소하는 현상을 보인다. 지나치게 높은 동기로 인해 학습수행률이 저하될 수 있고, 결국 목표달성에 실패하고 무기력하기 쉽다. 심한 경우 학습을 포기하기도 한다.

하지만 대부분의 경우 노력이 부족하여 실패한 것으로 이해함으로써 더 높은 목표와 무리한 계획을 세우게 되고, 이는 다시 실패로 이어지게 된다. 이것을 '자기 패배적 악순환'이라 한다. 이러한 악순환에서 벗어나기 위해서는 먼저 자신의 목표가 너무 과도한 것은 아니었는지를 평가한 후 실현 가능한 목표로 수정할 필요가 있다.

여기서 얻는 결론은 이렇다.

"학습자 수준보다 약간 어려운 내용을 쉽게 가르쳐라."

『뇌가 기뻐하는 공부법』의 저자인 일본의 모기 겐이치로(2009) 박사는 자신의 수준보다 조금 어려운 책을 읽으라고 충고한다. 책을 읽을 때 편하게만 읽으면 뇌의 입장에서는 그다지 즐겁지 않다. 그가 그러한 제안을 하는 근거는 뇌에게 있어서 최고의 쾌락은 힘든 일에 도전해서 그것을 극복할 때 기쁨을 느낀다는 것이다. 뇌를 즐겁게 하기 위해서는 자신의 수준보다 약간 어려운 내용의 책을 읽어야 한다.

쉬운 내용을 어렵게 가르치는 교사를 4급(무능교사), 쉬운 내용을 쉽게 가르치는 교사는 3급, 어려운 내용을 어렵게 가르치는 교사를 2급교사라고 한다면, 어려운 내용을 쉽게 가르치는 교사를 특급교사라 할 수 있다. 쉬운 내용을 쉽게 가르치거나, 어려운 내용을 어렵게 가르치는 것은 특별한 능력이 요구되는 것이 아니지만, 어려운 내용을 쉽게 가르치기 위해서는 특별한 재능이나 노력이 요구된다. 많이 안다고 해서 쉽게 가르칠 수 있는 것은 아니기 때문이다.

특급교사는 학생들이 알고 있는 내용 50~70%와 새로운 내용

30~50%를 조합하여 가르치는 교수자라 할 수 있다. 학습자들이 100% 생소한 내용만을 가르치게 되면 자칫 그들을 학습된 무력감에 빠지게 할 수 있다. 80% 이상이 이해할 수 없는 경우에는 재미없다고 느끼고, 80% 이상 알고 있는 경우에는 시시하다고 느낀다(야스코치 테스야, 2008: 91). 50~70% 대 30~50%의 비율로 진행되는 수업을 학습자들은 즐기며 들을 수 있다. 그렇게 될 경우, 학습자들은 "아, 저건 알고 있지."라는 반응을 보이다가도 "어, 저런 게 있었나? 어, 그게 정말이야?"라는 반응을 보이게 된다. 이러한 수업에서 학습자들은 자신도 모르게 교수자의 말에 빠져들게 된다.

수업집중의 묘약은 학습자의 수준보다 약간 높은 과제를 쉽게 가르치는 것이다. 학습자의 수준을 파악해야 하는 이유가 바로 여기에 있다. 학습자의 수준을 알지 못하고 교수자의 생각대로 수업을 하면 '싱거워하는' 학생과 '어려워하는' 학생이 생기게 된다. 요즘처럼 학원을 통한 선행학습이 필수가 되고 있는 상황에서는 학교에서의 수업이 이미 배운 내용을 복습하는 결과가 되기 때문에 수업에 집중하지 못하는 원인이 되기도 한다.

아무리 강조해도 지나치지 않은, 평범하지만 교수법에서 금언과도 같은 말을 다시 한번 상기하자.

"학습자 수준보다 약간 높은 내용을 쉽게 가르치자."

미 주

1) http://www.cjob.co.kr/sermons-3209.html
2) (주)동현씨스텍Dong-Hyun Syste Co., Ltd 홈페이지, '동현 이야기'
3) http://kdaq.empas.com/knowhow/
4) http://apache630.tistory.com/2458
5) http://blog.daum.net/jesus1225/136230.
6) http://wide.to/hkZaaZ
7) http://love4jin.com.ne.kr/word/teacher.htm
8) http://blog.daum.net/dosu92/17452226, 최병문, '당신의 유머와 웃는 얼굴이 성공을 앞당긴다'
9) http://www.vancorean.com/archivers/746
10) http://daum.net/bueno77/17047006
11) http://blog.daum.net/7485ksb/7768280
12) http://www.cyworld.com/bbadaking1/4336621

참고문헌

강준만(2006). 『한국인 코드』. 서울: 인물과 사상사.

기낫 저, 정우현 외 역(1973). 『교사와 학생』. 서울: 익문사.

긴바 와티루(2006). 『트릭의 심리학』. 서울: 에이지.

김연석(2010). 지역내일신문. 2010. 5. 9일자.

김진홍 역(2010). 『탈무드』. 서울: 새벽이슬.

김태완 편역(2007). 『중국철학우화393』. 서울: 소나무.

나이토 요시히토 저, 박현주 역(2007a). 『첫인상의 심리학』. 서울:지식여행.

나이토 요시히토 저, 하은미 외 역(2007b). 『심리학 칵테일』. 서울: 웅진윙스.

다고 아키라 저, 장하영 역(2009). 『심리학 콘서트』. 서울: 스타북스.

다이앤 디레스터 저, 심재우 역(2006). 『MBA에서도 가르쳐 주지 않는 프리젠테이션』. 서울: 비즈니스북스.

다쿠미 에이치 · 야마모토 후키코 저, 이인애 역(2006). 『기분 좋게 유식해지는 심리학』. 서울: 영진닷컴.

데보라 노빌(2010). 『리스펙트: 존경받는다고 느낄 때 마음의 문이 열린다』. 서울: 위즈덤하우스.

데일 카네기 저, 강성복 외 역(2007). 『데일카네기 성공대화론』. 서울: 리베르.

데일 카네기 저, 최염순 역(2010). 『카네기 스피치 & 커뮤니케이션』. 서울: 씨앗을 뿌리는 사람.

데일 카네기 저, 홍석표 역(2003). 『인간의 마음을 사로 잡는 원칙』. 서울: 솔로몬북.

도니 탬블린 저, 윤영삼 역(2006). 『유머교수법』. 서울: 다산북스.

도미타 타카시 저, 박희진 역(2008). 『표현의 달인』. 서울: 비전코리아.

돤쥔화 · 류옌민(2012). 『꼼수와 지혜』. 파주: 교육과학사.

라이프 엑스퍼트 엮음, 박광종 역(2007)). 『놀라운 기억의 기술』. 서울: 기원전.
라이프 엑스퍼트 저, 박영선 역(2009). 『최강 집중법』. 서울: 폴라북스.
래리 바커 · 키티 왓슨(2006). 『경청의 힘』. 서울: 이아소.
레스 기브린 저, 김호진 역(2009). 『대화법』. 서울: 새벽이슬.
로먼 브라운 저, 이미옥 역(2009). 『기막힌 말솜씨』. 서울: 흐름출판.
로버트 치알디니 저, 이현우 역(2002). 『설득의 심리학』. 서울: 21세기북스.
로베르 클라르크 저, 이세진 역(2003). 『천재들의 뇌』. 서울: 해나무.
리민 저, 남은숙 역(2007). 『이야기로 배우는 하버드의 지혜』. 서울: 정민미디어.
마빈 토케이어 편저, 정종덕 역(2008). 『탈무드』. 서울: 마중서.
모기 겐이치로 저, 이근아 역(2009). 『뇌가 기뻐하는 공부법』. 서울: 이아소.
문용린(2004). 『지력혁명』. 서울: 비즈니스북스.
바이판 저, 전왕록 역(2012). 『심리로 배우는 긍정콘서트』. 서울: 정민미디어.
박정웅(2002). 『이봐, 해봤어?』. 서울: FKI미디어.
밥 파이크 저, 김경섭 외 역(2004). 『창의적 교수법』. 서울: 김영사.
베아트 샬러 저, 배진아 역(2004). 『사람의 행동을 결정하는 심리코드』. 서울: 흐름출판.
브라이언 트레이시 외 저, 김혜경 역(2008) 『끌리는 사람의 백만불짜리 매력』. 한국경제신문사.
세르주 시코티 저, 윤미연 역(2006). 『내마음속 1인치를 찾는 심리실험 150』. 서울: 궁리.
스티브 비덜프 저, 이승희 역(2007). 『3살까지는 엄마가 키워라』. 서울: 북섬.
시부야 쇼조 저, 이규원 역(2003). 『심리실험이야기』. 서울: 일빛.
신승훈(2010). 『유머가 이긴다』. 서울: 쌤앤파커스.
쑤추윈리 저, 남은숙 역(2007). 『여유』. 서울: 팜파스.
안길훈(2007). 학생들의 선호-교사상에 대한 내용분석적 연구. 「교육행정학연구」, 25(4), 117-140.

앨런 피즈 · 바바라 피즈 저, 서현정 역(2005). 『보디랭귀지』. 서울: 베텔스만.
야마구치 요시유키 저, 전경아 역(2010). 『1미터 테두리 법칙』. 서울: 지훈출판사.
야스코치 테츠야 저, 최대현 역(2008). 『쉽게 가르치는 기술』. 서울: 두리미디어.
야하타 히로시 저, 나상억 역(2003). 『프리젠테이션 박사』. 서울: 21세기북스.
에모도 마사루 저, 홍서임 역(2008). 『물은 답을 알고 있다』. 서울: 더남출판사.
엠 토게이어 저, 주덕명 역(2011). 『영원히 살 것처럼 배우고 내일 죽을 것처럼 살아라』. 서울: 함께북스.
연합뉴스. 2008. 4. 24일자.
왕샹둥 저, 강은영 역(2010). 『심리학의 즐거움』. 서울: 베이직북스.
왕펑 저, 김락준 역(2009). 『유태인에게 배우는 지혜』. 서울: 푸른 물고기.
요네야마 기미히로 저, 황소연 역(2006). 『청개구리 두뇌습관』. 서울: 전나무숲.
우원 저, 강경희 역(2006). 『여우의 생존법칙』. 서울: 나라원.
이범기(2009). 『내 인생을 바꾼 한톨의 지혜』. 서울: 아이템북스.
EBS 제작팀(2008). 『최고의 교수』. 서울: 예담.
이소라(2008). 『그림으로 읽는 생생 심리학』. 서울: 그리고 책.
이솝 저, 박지원 역(2002). 『이솝우화』. 서울: 꿈과 희망.
이솝 원저, 이신화 편저(2005). 『나를 변화시키는 처세우화』. 서울: 화담.
잭 캔필드 · 마크 빅터 한센 저, 류시화 역(1996). 『영혼을 위한 닭고기 수프』. 서울: 푸른숲.
잭 캔필드 · 마크 빅터 한센 저, 류시화 역(1997). 『마음을 열어 주는 101가지 이야기』. 서울: 도서출판 이레.
정우현(1997). 『더불어 사는 지혜』. 서울: 성현출판사.
제리 와이즈먼 저, 신승미 역(2010). 『통하는 프리젠테이션』. KOREA.COM.
조인스 뉴스, 2006. 6. 29일자.

조니 킨처 저, 김시업 역(1997). 『재미있는 심리여행』. 서울: 다산기획.
조현삼(2004). 『파이프행복론』. 서울: 김영사.
주통 저, 유수경 역(2008). 『이야기 심리학』. 서울: 휘닉스.
주통 저, 장윤철 역(2009). 『심리학이 솔로몬을 이기는 77』. 서울: 피닉스드림.
주통 저, 장윤철 역(2011). 『맛있는 심리학』. 서울: 휘닉스.
중앙일보. 2003. 3. 30일자.
차갑부(2010). 『명강의를 위한 40가지 이야기 』. 파주: 교육과학사.
차동엽(2008). 『무지개원리』. 서울: 위즈앤비즈.
차동엽(2012). 『무지개원리』. 서울: 국일미디어.
최광선(1996). 『그 마음이 알고 싶다』. 서울: 새길.
츠췐보 저, 보고혜 역(2006). 『인생실험실』. 서울: 예문.
치우칭지엔 · 황쉬에리 편, 허유영 역(2010). 『아들아, 생각을 바꾸면 인생이 달라진다』. 서울: 새론북스.
토게이어 저, 주덕명 역(2011). 『영원히 살 것처럼 배우고 내일 죽을 것처럼 살아라』. 서울: 함께북스.
포 브론슨 · 애쉴리 메리언 저, 이주혜 역(2009). 『양육쇼크: 아이들에 대한 새로운 생각』. 서울: 물푸레.
하이럼 스미스 저, 김경섭 외 역(1998). 『성공하는 시간관리와 인생관리를 위한 10가지 자연법칙』. 서울: 김영사.
한경(2004). 『첫인상 5초의 법칙』. 서울: 위즈덤하우스.
한준상(2001). 『학습학』. 서울: 학지사.
허샨 저, 박수진 역(2005). 『인생을 움직이는 천년의 철학』. 서울: 주변인의 길.
호아킴 데 포사다 외 저, 김경환 외 역(2005). 『마시멜로 이야기』. 서울: 한국경제신문.
Aronson, E., and Linder, D.(1965). Gain and Loss of Esteem as Determinants of Interpersonal Attractiveness. *Journal of*

Experimental Social Psychology, 1, 156–171.

Bander, R., and Grinder, J.(1975). *The Structure of Magic. A Book about Language and Therapy*. Palo Alto. Califonia: Science and Behavior Books.

Biggs, J, B.(2003). *Teaching for Quality Learning at University*. The Society for research into Higher Education & Open University Press.

Dale, E.(1969). *Audio-visual Methods in Teaching*. New York: The Dryden Press.

Dochy, F., Segers, M., and Buehl, M. M.(1999). The Relation between Assessment Practice and Outcomes of Students: The Case of Research on Prior Knowledge. *Review of Educational Research*, 69(2), 147–188.

Dweck, C.(2006). *Mindset, The New Psychology of Success*. Random House.

Freire, P.(1970). *Pedagogy of the Oppressed*. New York: Seabury Press.

Gottman, J.(1994). *Why Manages Succeed or Fail*. New York: Frieside.

Hall, E. T.(1963). A System for the Notation of Proxemic Behavior. *American Anthropologist*, 65, 1003–1026.

Hurlock, E.(1925). An Evaluation of Certain Incentives Used in School Work. *Journal of Educational Psychology*, 16, 145–159

Latané, Bibb, Williams, Kipling, and Harkins, Stephen (1979). "Many Hands Make Light The Work: The Causes and Consequences of Social Loafing". *Journal of Personality and*

Social Psychology, 37 (6): 822-832.

Rosenthal, R., and Jacobson, L.(1968). *Pygmalion in the Classroom.* New York: Holt, Renehart & Winston.

Rowe, M. B.(1974). Relations of Wait-time and Rewards to the Development of Language, Logic and Fate Control. *Journal of research in Science Teaching*, 11, 291-308.

Seligman, M.(1975). *Helplessness: On Depression, Development, and Death.* San Francisco: W.H.Freeman. 마틴 셀리그만 저, 김인자 역 (2009). 『긍정심리학』. 안양: 물푸레.

Sousa, D.(2006). *How the Brain Learns.* Thousand Oaks, CA: Corwin Press.

Watson, K., Barker, L. L., and Weaver, J. B.(1995). The Listening Styles Profile. Development and Validation of An Instrument to Assess Four Listening Style. *The International Journal of Listening*, 9, 1-14.

저자소개

차 갑 부 skytop61@hanmail.net

고려대학교 대학원에서 교육학박사 학위를 취득하고, 한국평생교육학회 이사, 한국직업인력개발학회 이사, 한국직업교육학회 이사, 교수학습연구대회 평가위원(장) 등을 역임하였고, 제2회 교수학습연구대회(2003년)에서 최우수상을 수상하였다. 현재 명지전문대학교 청소년교육복지과 교수로 재직하고 있고, 교수법 특강 전문강사 및 컨설턴트, 시조시인으로 활동하고 있다.

저서 및 역서

학교교육과 사회(역), 한서출판사, 1985.
평생교육론(역), 교육과학사, 1990.
교육과 선발(역), 양서원, 1992.
신교육학개론(저), 형설출판사, 1992.
성인교육방법론(저), 양서원, 1993.
열린사회의 평생교육(저), 양서원, 1997.
사회교육방법의 탐구(저), 양서원, 1999.
성인교육사회학(저), 양서원, 2002.
평생교육의 이해(저), 학지사, 2004.
텔리아고지(저), 교육과학사, 2009. (2010년 대한민국학술원 우수학술도서 선정)
명강의를 위한 40가지 이야기(저), 교육과학사, 2010.
예화로 푸는 공감교수법(저), 교육과학사, 2013.
깻잎에 싼 고향(시집, 저), 다트앤, 2014.
평생학습자본의 인문학적 통찰, 교육과학사, 2015.
(2015년 대한민국학술원 우수학술도서 선정)

예화로 푸는 공감교수법

2013년 1월 10일 1판 1쇄 발행
2016년 3월 20일 1판 3쇄 발행

저 자 : 차 갑 부
발행인 : 김 동 규
발행처 : 교육과학사

주 소 : 경기도 파주시 광인사길 71
(문발동)
전 화 : (031)955-6956~8
팩 스 : (031)955-6037
등 록 : 1970년 5월 18일 제2-73호
이메일 : kyoyook@chol.com
홈페이지 : www. kyoyookbook.co.kr

Printed in Korea.

정가 13,000원
ISBN 978-89-254-0630-5